この人なんて言ってるの？！

気持ちを理解するための

スキルアップワーク

― 発達障害のある子への SST ソーシャルスキルトレーニング ―

西岡有香 編

落合由香・石川聡美 著

竹田契一先生ご推薦
（大阪医科大学LDセンター顧問）

明治図書

まえがき

　友だちと上手にコミュニケーションを取ることや，その場の空気を読むことが，極端に苦手な子どもたちがいます。そのうまくいかない原因がどこにあるのかを探り，その後の社会性指導に役立てるために，本書の教材を作成しました。日常的な25場面の絵について，指定された登場人物が「何をしているか」「どんな気持ちか」「何と言っているか」について回答を求め，その子どもの状況理解や他者の感情理解の傾向を見ることを目的としています。

　状況の読み取りで回答を誤っている場合は，その誤り方のパターンから，

①不注意によって必要な情報を見落としている場合
②絵の一部分だけに注目して全体の状況を読み誤っている場合
③必要な情報は読み取っているがそれらを適切に関係づけていない場合

の3つに分類し，指導のポイントをあげました。
　気持ちの読み取りで回答を誤っている場合は，その誤り方のパターンから，

①人物の気持ちよりも動作や状態に注目している場合
②気持ちを表現する適切な言葉を知らない場合
③絵の中の人物の気持ちではなく，自分の経験を当てはめたり，自分ならどう思うかを考えている場合

の3つに分類し，指導のポイントをあげました。

　複数の場面にわたって，同じ誤り方のパターンを繰り返している子どもは，日常生活の中でも同じところでつまずいて，状況や相手の気持ちを適切に読み取れず，うまくいかない経験を重ねている可能性があります。後半には気持ちの理解が苦手な子どものためのミニワークや資料も掲載していますので，本書をきっかけに，子どものつまずきの傾向を知ることで，その子どもに必要な支援を考え実践する手がかりにしていただければ幸いです。

　　　　　　　　　　　　　　　　　　　　　　　　　　　　　　　　　　　著者一同

本書の使い方：この人なんて言ってるの?!　ワークの進め方

ワークは，子どもに，イラストの吹き出しがついている（または矢印で示した）人物について，
　①「この人は何をしているのかな？」
　②「この人は，今，どんな気持ちかな？」
　③「この人はなんて言っているかな？」
という3つの質問に回答させていく構成になっています。

　子どもが，絵の状況を適切に読み取れていない場合には，指導者は「ここはどうなっているかな？」と見落としている部分に注目させます。また，表情を気にかけなかったために気持ちを読み取れていない場合には，「どんな顔をしているかな？」と表情に注目させます。表情とセリフがずれている場合は，「○○な顔をしているときは，どんな言い方をするかな？」と表情に合ったセリフを考えるように促します。

　ワークの解説では，ステップ1（状況の読み取り），ステップ2（気持ちの読み取り）という順番で，誤り方のパターン別に指導のポイントをあげています。この中であげている誤答例は，実際にそれぞれの課題を神戸YMCAサポートプログラムに通っていた小学3年生から中学1年生までの子どもたち，及び通常の学級の小学3年生・5年生，大学生に実施した際に得られた回答の中に見られたものです。
　子どもが絵の状況や登場人物の気持ちを読み誤っている場合には，その誤りがどのパターンに当てはまるのか分類し，その後の指導のポイントを参考にして，指導を進めてください。

　参考までに，課題ごとの読み取りの難易度を星の数で表しています（★：簡単，★★：普通，★★★：難しい）。この難易度の分類は，通常の学級の小学3年生・5年生，大学生の回答をもとにしています。
　3つ目の質問で状況や気持ちに合わないセリフを書いている場合は，ステップ1・2を再度確認してから，正解例を参考に，状況と気持ちに合ったセリフをもう一度考えさせましょう。
　3つの質問とも，正解は1つとは限りません。解説の最初に正解例をいくつかあげていますので，参考にしてください。

　なお，本ワークは，ある程度その場の空気を読みながら周りの人とコミュニケーションをとることを求められる小学校3年生以上の子どもにお使いいただくことを想定しています。

本書の使い方：気持ち理解のためのミニワーク・付録の使い方

　巻末のミニワークと付録は，気持ちの理解が苦手な子どものためのものです。

ミニワーク❶　こんな顔のときはどんな気持ち？
　表情と気持ちには関係があることを知り，表情に合った気持ちを表す言葉を選んで，確認するものです。

ミニワーク❷～❺　こんな気持ちのときはどんな顔？
　まず指定された「気持ち」に合った「表情」をかき込みます。絵をかくのが苦手な子どもには，鏡で自分の表情を見ながらかいたり，福笑い方式で顔のパーツ（目・口など）を選んだりさせるとよいでしょう。また，自分なら，どんなときにそういう気持ちになるかを考えさせます。

ミニワーク❻～❾　気持ちのことばと意味をつないでみよう
　気持ちを表す言葉を増やし，意味を確認するものです。「悔しい」と「残念」など，微妙にニュアンスの違う言葉を正しく使い分けられるように辞書的な意味を確認します。

ミニワーク❿～⓬　こんなときどんな気持ち？
　自分の気持ちを言葉で表すことができるように，日常的な場面を表した文を読み，自分ならどんな気持ちになるかを考えます。このワークでは，気持ちを表す言葉を選択肢から選ぶ形式にしていますが，適切なものを選べるようになってきたら，自由記述にしてもよいでしょう。

ミニワーク⓭～⓯　こんなとき"この人は"どんな気持ち？
　前項と同じ形式ですが，自分ではなく，登場人物ならどんな気持ちになるかを考えて気持ちを表す言葉を選択肢から選びます。

　ミニワーク❿～⓯では，正解が1つとは限らないものもあります。また，子どもによっていろいろな感じ方がありますので，「どうしてそういう気持ちになるの？」と尋ねて妥当な理由が説明できれば，正解例と異なる言葉を選んでいてもよいでしょう。明らかにずれている場合は，正解を教え，気持ちを表す言葉の意味や使い方を確認しておきましょう。

付録❶　気持ちのことばとその意味
　気持ちを表す言葉を増やし，その意味を確認するためのものです。表情との関係を意識させるために，イラストを添えています。

付録❷　どれくらいおこってる？
　「どれくらいおこってる？」は，「怒りのスケール」で，怒りの気持ちにもいろいろな段階があることを表しています。怒っているときに，自分が今どの程度怒っているのか，このスケールに当てはめて視覚的に認識したり（自分の怒りが「激怒」ではなく「イライラしている」なら，「今，それほど怒ることではないな」と気づくことで落ち着ける場合があります），モヤモヤした気持ちを言語化したりすることは，怒りをコントロールすることに役立ちます。

　子どもの理解度を確認しながら，必要に応じて活用してください。

CONTENTS

まえがき 3
本書の使い方 4

第1章 自分の気持ち，他者の気持ちを理解する力を育てるには　11

第2章 ソーシャルスキルワーク指導と解説　15

■この人なんて言ってるの?! ワーク　16

① かけっこで勝った 【解説 56】 16
② ぬいぐるみをプレゼントしてもらった 【解説 58】 17
③ 友だちとトランプをしている 【解説 60】 18
④ 教室で先生からテストを返してもらった 【解説 62】 19
⑤ 部屋を散らかしてしかられた 【解説 64】 20
⑥ 犬に追いかけられた 【解説 66】 21
⑦ みんなの前で発表した 【解説 68】 22
⑧ 歩いていたら雨が降ってきた 【解説 70】 23
⑨ 図工で作品をなかなか作れない 【解説 72】 24
⑩ 絵を見た人が頭をなでてくれた 【解説 74】 25
⑪ 自転車で転んでけがをした 【解説 76】 26

⑫　じゃんけんで負けた　【解説 78】……………………………………27
⑬　引っ越しをする友だちと話している　【解説 80】……………28
⑭　ボタンのかけ違いを友だちに指摘された　【解説 82】………29
⑮　ぬいぐるみの手が取れた　【解説 84】…………………………30
⑯　遊園地で迷子になった　【解説 86】……………………………31
⑰　テストで何も書けない　【解説 88】……………………………32
⑱　給食で隣の席の子がおかずをこぼした　【解説 90】…………33
⑲　泣いている子がいる　【解説 92】………………………………34
⑳　習字で隣の席の子の顔に墨がついていた　【解説 94】………35
㉑　隣の席の子から消しゴムを手渡された　【解説 96】…………36
㉒　飼っていた鳥がいなくなった　【解説 98】……………………37
㉓　給食で列に並んでいたら割り込まれた　【解説 100】…………38
㉔　割れた植木鉢を見つけた　【解説 102】………………………39
㉕　拍手されている子を見ている　【解説 104】…………………40

■気持ち理解のためのミニワーク　41

❶　こんな顔のときはどんな気持ち？……………………………………41
❷　こんな気持ちのときはどんな顔？「うれしい」……………………42
❸　こんな気持ちのときはどんな顔？「悲しい」………………………43
❹　こんな気持ちのときはどんな顔？「はらが立つ」…………………44
❺　こんな気持ちのときはどんな顔？「おどろく」……………………45
❻　気持ちのことばと意味をつないでみよう・1………………………46
❼　気持ちのことばと意味をつないでみよう・2………………………47
❽　気持ちのことばと意味をつないでみよう・3………………………48
❾　気持ちのことばと意味をつないでみよう・4………………………49
❿　こんなときどんな気持ち？・1………………………………………50
⓫　こんなときどんな気持ち？・2………………………………………51
⓬　こんなときどんな気持ち？・3………………………………………52

⑬　こんなとき"この人は"どんな気持ち？・1 ……… 53
⑭　こんなとき"この人は"どんな気持ち？・2 ……… 54
⑮　こんなとき"この人は"どんな気持ち？・3 ……… 55

【ミニワーク解説　106】

付録

❶　気持ちのことばとその意味 ……………………………… 112
　　イラスト　112
　　表　116
❷　どれくらいおこってる？ ………………………………… 118

第1章

自分の気持ち,他者の気持ちを理解する力を育てるには

1　子どもの感情理解の発達

　人が生まれたときには興奮だけであった情動は，その後，乳児期に快と不快，さらに怒りや恐れ，得意，愛情と分化していきます。そして，子どもは，養育者との関わりを基盤に，2歳くらいまでに基本的な感情を発達させ，言葉の発達とともに感情を言葉で表すことができるようになります。4〜5歳になると罪悪感をもつようになり，小学校以降には感情もその表現もより細やかになっていき，おおよそ12〜13歳で成人と同様の感情の表現ができるようになります。

　では，感情の理解の発達はどうでしょうか。3歳児では約半数の子どもたちが，喜び，悲しみ，怒り，恐れの表情を弁別でき，5歳児になると大多数がそれらの表情の弁別が可能になることが示すように，3歳から6歳にかけて表情理解は発達的変化を遂げます（渡辺・瀧口，1986）。また，他者の感情を理解するときに，4歳児では表情を手がかりに，5歳児は表情だけではなく，その場の状況も少し考慮に入れるようになり，児童期の12歳には表情と状況の手がかりの情報を統合して他者の感情を理解するようになります。

　このように，幼児期から児童期にかけて子どもの感情は複雑化し，その感情を表す言葉の表現も増え，心の理論の発達とともに他者の感情を理解する力も育っていきます。その一方で，児童期になっても，同年齢の子どもに比べると自分の感情を言葉で表すことができない，自分の感情を抑制することが難しい，他者の気持ちを理解できないで自己中心的である，他者の気持ちに関心を示さない，状況判断ができないという子どももいます。

　発達障害のある子どもは，脳の機能になんらかの不全があり，そのために，学習，行動，社会性の発達につまずきをもちます。発達障害のある子どもは，感情の理解についても未熟であることが多く，本書の著者である落合・石川（2007，2008）によると，調査の対象となった発達障害のある通常の学級に在籍する小学3年生から中学1年生までの児童生徒は，身体の状態や動作を手がかりに気持ちの表現をする傾向が強く，人物の内面よりも目に見える状態や動作に注目しやすかったとしています。

2　感情表現，感情理解，状況理解につまずく子ども

　小学生になると，就学前に比べて子どもは社会性をより要求されるようになります。学級での生活，班行動への参加，友人関係など，自分の気持ちを抑えて（がまんして）集団や相手に添う行動をしなければなりません。また，より言葉を使ったやりとりの頻度が増えるため，言葉を使って自分の意思を表明したり説明できたりするほうが，周りの人と意思の疎通が図りやすくなります。

　しかし，子どもが友人間でのトラブルが多い，集団の中で場の空気が読めない，といった状

態にあるとき，それは，すでに周囲の子どもには備わっている自分の気持ちを適切に言語化する力，気持ちをコントロールする力，状況を理解する力，状況の変化に気づく力，他者への関心，他者の気持ちを理解する力，様々な情報を統合する力のいずれかが，あるいはその中のいくつかの力が弱いということに起因している可能性があります。これらの力には，脳の様々な情報処理能力が関わっていて，子どもによってその背景は異なるため，一人ひとりにあわせて対処を考えていく必要があります。

　たとえば，作文の感想にいつも「またやりたいです」「楽しかったです」としか書いていなかったり，どんな気持ちでしたかと問われて「いやな気持ち」としか答えられなかったりしている場合には，感情を表す語彙力の不足が背景にあることが考えられます。さらに，文の表現で「〜ので」「だから」「けれども」といったことばをうまく使えていないと，何が嫌だったのか，どうしてそれをしたのか，どうしてそう思ったのか，といった理由を伝えることができません。部屋が散らかっているのに「きれいに片づけているね」などと皮肉を言われているときは，「言われたこと」「表情やイントネーションなどの非言語情報」「事実」の3つの情報が一致していませんが，それに気づかないと，言われた通り（字義通り）に理解してしまいます。複数の情報があることに気づき，その情報を統合する力がないと発言の意図を理解することができないのです。

　ぼんやりしていることが多い，注意を向けているものが転々と変わる，特定のものに集中しすぎて他のことへの注意が向いていない，といった子どもは，自分の周りの様子に気づかなかったり，その様子に変化があっても気づかなかったりします。状況を理解するために必要な情報の取得ができていないので，状況を読み誤るということが起こるのです。落合・石川（2007, 2008）は，発達障害のある子どもは，状況理解に必要な情報を得られていなかったり，適切に関連づけて説明できなかったりするため，状況を読み誤ることが多かったと報告しています。

　このように，感情表現，感情理解，状況理解につまずく子どもには，言語の問題，状況の理解の問題，情報を統合する力の問題が背景にあることを踏まえ，多角的な指導が望まれます。

3　ソーシャルスキルとして教える感情表現・感情理解・状況理解

　自分の感情を理解すること，状況を理解すること，他者の気持ちを理解すること，感情をコントロールすることはソーシャルスキルの中に含まれています。感情を表す言葉は言語学習の中にも含まれますが，子どもの弱い部分が何であるかを見極めて，意図的にソーシャルスキルトレーニングとして教えていきます。

　ソーシャルスキルトレーニングでは，図のように導入（スキルの解説），教示（スキルの使い方，表現方法の説明），モデリング（実際にスキルをモデルとして提示），リハーサル（ロールプレイによる練習），フィードバック（ロールプレイの評価），般化（実際の場面でスキルを

使う）という形で進められます。

　このようなソーシャルスキルトレーニングの技法のうち，本書は，図の中の「導入」「教示」の部分で，子どものソーシャルスキルに関する知識の確認をするために使うように構成されています。

　「～なときには……する」と何度教えても，今が「～なとき」かどうかがわからなければ，知識をもっていても使うことができません。子どもが，その場で適切な感情表現ができるように，あるいは，他者の感情理解ができるようにするために，まず，言語的な知識があるかどうか，状況を読むことができているかどうか，ということを確認するために本書を活用することができます。

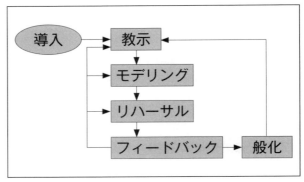

図　ソーシャルスキルトレーニングの基本技法

　見落としている情報が多い子どもには，どのような点に気をつけて周囲を見ればよいかを，ワークを通じて気づかせる機会にもなります。しかし，ワークブックの課題をさせるだけで実際の場面で状況を読み取るスキルが身につくわけではなく，スキルの導入，教示に続くモデリング，リハーサル，フィードバックの過程をしっかりと経験させることが大切です。

　本書は感情表現・感情理解・状況理解の手がかりについて学ぶように作成されています。感情のコントロールについて直接的に学ぶようには構成されていませんが，状況を理解し感情の表現が十分にできるようになることは，感情のコントロールにも役立ちます。表情，しぐさ，言葉を使って感情を表現することができる，どういう理由でそう思っているかを相手に伝えることができる，状況が理解できそのときにとるべき望ましい行動を知っていると，自分の気持ちを整理することができ，混乱した感情のままに泣いたり怒ったりしなくてもすむからです。子どもの課題が感情のコントロールにある場合にも，その基礎として本書を使用することが可能です。

（西岡　有香）

【参考文献】
- 渡辺弥生，瀧口ちひろ（1986）：幼児の共感と母親の共感との関係．教育心理学研究，34(4)，324-331．
- 笹屋里絵（1997）：表情および状況手掛りからの他者感情推測．教育心理学研究，45(3)，312-319．
- 菊池哲平（2006）：幼児における状況手がかりからの自己情動と他者情動の理解．教育心理学研究，54(1)，90-100．
- 落合由香，石川聡美，竹林由佳，福本拓耶（2007）：発達障害児の状況理解におけるつまずき～感情理解と文脈との関係づけの観点から～．日本LD学会第16回大会発表論文集．
- 落合由香，石川聡美，竹林由佳（2008）：発達障害児の状況理解におけるつまずき(2)～通常学級在籍児童・大学生との比較を通して～．日本LD学会第17回大会発表論文集．
- 渡辺弥生編著（2011）：考える力，感じる力，行動する力を伸ばす　子どもの感情表現ワークブック．明石書店．

第2章

ソーシャルスキルワーク
指導と解説

■この人なんて言ってるの?! ワーク 16
【解説 56～】
■気持ち理解のためのミニワーク 41
【解説 106～】

この人なんて言ってるの?! ワーク❶

なまえ _____

1. この人は 何を しているのかな？

　

2. この人は 今 どんな気持ちかな？（どんな顔を しているか よーく見てね）

　

3. ズバリ！ この人は なんて 言っているかな？

この人なんて言ってるの?! ワーク❷

なまえ＿＿＿＿＿＿＿＿＿＿＿＿＿＿＿

1．この人は　何を　しているのかな？

2．この人は　今　どんな気持ちかな？（どんな顔を　しているか　よーく見てね）

3．ズバリ！　この人は　なんて　言っているかな？

この人なんて言ってるの?! ワーク❸

なまえ _____

1. この人は 何を しているのかな？

2. この人は 今 どんな気持ちかな？（どんな顔を しているか よーく見てね）

3. ズバリ！ この人は なんて 言っているかな？

18

この人なんて言ってるの?! ワーク❹

なまえ＿＿＿＿＿＿＿＿＿＿＿＿＿＿＿＿

1. この人は 何を しているのかな？

2. この人は 今 どんな気持ちかな？（どんな顔を しているか よーく見てね）

3. ズバリ！ この人は なんて 言っているかな？

この人なんて言ってるの?! ワーク ❺

　　　　　　　　　　　　なまえ _____

1．この人は 何を しているのかな？

┌─────────────────────────────────┐
│   │
│ ─ ─ ─ ─ ─ ─ ─ ─ ─ ─ ─ ─ ─ ─ ─ ─ │
│   │
└─────────────────────────────────┘

2．この人は 今 どんな気持ちかな？（どんな顔を しているか よーく見てね）

┌─────────────────────────────────┐
│   │
└─────────────────────────────────┘

3．ズバリ！ この人は なんて 言っているかな？

この人なんて言ってるの?! ワーク❻

なまえ _____

1．この人は 何を しているのかな？

2．この人は 今 どんな気持ちかな？（どんな顔を しているか よーく見てね）

3．ズバリ！ この人は なんて 言っているかな？

この人なんて言ってるの?! ワーク❼

なまえ _____

1．この人は　何を　しているのかな？

2．この人は　今　どんな気持ちかな？（どんな顔を　しているか　よーく見てね）

3．ズバリ！　この人は　なんて　言っているかな？

この人なんて言ってるの?! ワーク❽

なまえ _____

1. この人は 何を しているのかな？

2. この人は 今 どんな気持ちかな？（どんな顔を しているか よーく見てね）

3. ズバリ！ この人は なんて 言っているかな？

この人なんて言ってるの?! ワーク❾

なまえ _____

1. この人は 何を しているのかな？

2. この人は 今 どんな気持ちかな？（どんな顔を しているか よーく見てね）

3. ズバリ！ この人は なんて 言っているかな？

この人なんて言ってるの?! ワーク❿

なまえ _____

1．この人は　何を　しているのかな？

2．この人は　今　どんな気持ちかな？（どんな顔を　しているか　よーく見てね）

3．ズバリ！　この人は　なんて　言っているかな？

この人なんて言ってるの?! ワーク⓫

なまえ _____

1．この人は 何を しているのかな？

2．この人は 今 どんな気持ちかな？（どんな顔を しているか よーく見てね）

3．ズバリ！ この人は なんて 言っているかな？

26

この人なんて言ってるの?! ワーク⓬

なまえ＿＿＿＿＿＿＿＿＿＿＿＿＿＿＿

1．この人は　何を　しているのかな？

2．この人は　今　どんな気持ちかな？（どんな顔を　しているか　よーく見てね）

3．ズバリ！　この人は　なんて　言っているかな？

この人なんて言ってるの?! ワーク⓭

なまえ _____

1. この人は 何を しているのかな？

２．この人は 今 どんな気持ちかな？（どんな顔を しているか よーく見てね）

３．ズバリ！ この人は なんて 言っているかな？

この人なんて言ってるの?! ワーク⓮

なまえ _____

1．この人は　何を　しているのかな？

2．この人は　今　どんな気持ちかな？（どんな顔を　しているか　よーく見てね）

3．ズバリ！　この人は　なんて　言っているかな？

この人なんて言ってるの?! ワーク⓯

　　　　　　　　　　　　　　　なまえ

1. この人は　何を　しているのかな？

2. この人は　今　どんな気持ちかな？（どんな顔を　しているか　よーく見てね）

3. ズバリ！　この人は　なんて　言っているかな？

30

この人なんて言ってるの?! ワーク❶⓰

なまえ _____

1. この人は 何を しているのかな？

2. この人は 今 どんな気持ちかな？（どんな顔を しているか よーく見てね）

3. ズバリ！ この人は なんて 言っているかな？

この人なんて言ってるの?! ワーク⓱

なまえ _____

1. この人は 何を しているのかな？

2. この人は 今 どんな気持ちかな？ (どんな顔を しているか よーく見てね)

3. ズバリ！ この人は なんて 言っているかな？

この人なんて言ってるの?! ワーク⓲

なまえ＿＿＿＿＿＿＿＿＿＿＿＿＿＿＿

1．この人は　何を　しているのかな？

2．この人は　今　どんな気持ちかな？（どんな顔を　しているか　よーく見てね）

3．ズバリ！　この人は　なんて　言っているかな？

この人なんて言ってるの?! ワーク⑲

なまえ _____

1. この人は 何を しているのかな？

2. この人は 今 どんな気持ちかな？（どんな顔を しているか よーく見てね）

3. ズバリ！ この人は なんて 言っているかな？

この人なんて言ってるの?! ワーク⑳

なまえ

1. この人は 何を しているのかな？

2. この人は 今 どんな気持ちかな？（どんな顔を しているか よーく見てね）

3. ズバリ！ この人は なんて 言っているかな？

35

この人なんて言ってるの?! ワーク㉑

なまえ _____

1. この人は 何を しているのかな？

2. この人は 今 どんな気持ちかな？（どんな顔を しているか よーく見てね）

3. ズバリ！ この人は なんて 言っているかな？

この人なんて言ってるの?!ワーク㉒

なまえ＿＿＿＿＿＿＿＿＿＿＿＿＿＿＿

１．この人は　何を　しているのかな？

２．この人は　今　どんな気持ちかな？（どんな顔を　しているか　よーく見てね）

３．ズバリ！　この人は　なんて　言っているかな？

この人なんて言ってるの?! ワーク㉓

　　　　　　　　　　　　　　　なまえ

１．この人は　何を　しているのかな？

２．この人は　今　どんな気持ちかな？　（どんな顔を　しているか　よーく見てね）

３．ズバリ！　この人は　なんて　言っているかな？

この人なんて言ってるの?! ワーク㉔

なまえ＿＿＿＿＿＿＿＿＿＿＿＿＿＿＿＿

1．この人は 何を しているのかな？

2．この人は 今 どんな気持ちかな？（どんな顔を しているか よーく見てね）

3．ズバリ！ この人は なんて 言っているかな？

39

この人なんて言ってるの?!ワーク㉕

なまえ _____

1．この人は　何を　しているのかな？

2．この人は　今　どんな気持ちかな？（どんな顔を　しているか　よーく見てね）

3．ズバリ！　この人は　なんて　言っているかな？

40

気持ち理解のためのミニワーク❶
こんな顔のときはどんな気持ち？

なまえ＿＿＿＿＿＿＿＿＿＿＿＿＿＿＿＿

ぴったりするものを 線（せん）で つないでみよう。

 ・ ・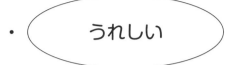
うれしい

 ・ ・
悲（かな）しい

 ・ ・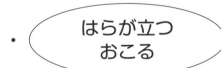
はらが立つ
おこる

 ・ ・
こわい

 ・ ・ おどろく
びっくりする

気持ち理解のためのミニワーク❷

こんな気持ちのときはどんな顔？「うれしい」

なまえ _____

★うれしい顔を　かいてみよう。

★どんなときに　きみは　うれしい？
　例（れい）おかあさんに　ほめられたとき。

気持ち理解のためのミニワーク❸

こんな気持ちのときはどんな顔？「悲しい」

なまえ＿＿＿＿＿＿＿＿＿＿＿＿＿＿＿＿

★悲(かな)しい顔を　かいてみよう。

★どんなときに　きみは　悲(かな)しい？
　例(れい))かっていた　ハムスターが　死(し)んだとき。

43

気持ち理解のためのミニワーク❹

こんな気持ちのときはどんな顔？「はらが立つ」

なまえ＿＿＿＿＿＿＿＿＿＿＿＿＿＿＿＿

★はらが立った顔を　かいてみよう。

★どんなときに　きみは　はらが立つ？
　　例）悪口を　言われたとき。

44

気持ち理解のためのミニワーク❺

こんな気持ちのときはどんな顔？「おどろく」

なまえ

★おどろいた（びっくりした）顔を　かいてみよう。

★どんなときに　きみは　おどろく（びっくりする）？
　例）となりの家の犬に　ほえられたとき。

45

気持ち理解のためのミニワーク❻
気持ちのことばと意味をつないでみよう・1

なまえ _____

うれしい ・		・ しゃくにさわる，いかる
悲(かな)しい ・		・ 危(あぶ)ないことが起(お)こりそうで，おそろしい
はらが立つ ・		・ 心がうきうきして，ゆかいな気分
こわい ・		・ よいことがあって，笑(わら)いたくなる気持(も)ち
おどろく びっくりする ・		・ 思いがけないことにあって，ハッとする
楽しい ・		・ 泣(な)きたくなるような，つらい気持(も)ち

気持ち理解のためのミニワーク ❼

気持ちのことばと意味をつないでみよう・2

なまえ _____

おもしろい ・	・	よいことがあって、笑(わら)いたくなる気持(も)ち
おかしい ・	・	笑(わら)い出したくなるような 楽しい気持(も)ち
楽しい ・	・	①おもしろくて笑(わら)いたくなる ②ふつうとちがって変(か)わっている
うれしい ・	・	人に何かをしてもらって ありがたく思(も)う気持ち
感謝(かんしゃ)する ・	・	心がうきうきして、ゆかいな気分

気持ち理解のためのミニワーク❽
気持ちのことばと意味をつないでみよう・3

なまえ _____

心配(しんぱい)する　・　　　・　思うようにいかなくて（時間がなくて）イライラする

不安(ふあん)　・　　　・　心が引きしまり、はりつめている

こまる　・　　　・　どうしていいかわからず、苦(くる)しむ

きんちょうする　・　　　・　何かが気になって、心が落(お)ちつかない

あせる　・　　　・　気持(も)ちが落(お)ちつかず、安心(あんしん)できない

気持ち理解のためのミニワーク❾

気持ちのことばと意味をつないでみよう・4

なまえ _____

- くやしい ・ ・ だれもいなくて悲しい気持ち

- 残念(ざんねん) ・ ・ 思うようにいかなかったり、負けたりして、はらが立つ

- さびしい ・ ・ 人のことが自分よりよく見えて、自分もそうなりたいと思う気持ち

- はずかしい ・ ・ ①てれくさい（うれしくてくすぐったいような気持ち）
②失敗したり、できていないことがあって、きまりが悪い

- うらやましい ・ ・ 思うようにいかなくて、もの足りない

気持ち理解のためのミニワーク❿

こんなときどんな気持ち？・1

なまえ _____

こんなことがあったら，あなたなら　どんな気持ちになるかな？
下の☐の中からピッタリ合うことばをえらんで，（　　）に書いてみよう。

①トイレで　ならんでいたら，わりこまれて，どんどん順番をぬかされた。

　　こんなときは，とても（　　　　　　　　　　　　）。

②大事にしていた　おもちゃを，うっかり落として　こわしてしまった。

　　こんなときは，とても（　　　　　　　　　　　　）。

③夜中に目がさめた。だれも　いないはずの　となりの部屋から，だれかが　歩いている音がする。

　　こんなときは，とても（　　　　　　　　　　　　）。

④前からずっと練習していた竹馬。ついに今日，はじめて少しだけ歩くことができた。

　　こんなときは，とても（　　　　　　　　　　　　）。

⑤自転車で，スピードを出したまま　曲がり角を曲がったら，向こうから来た　おばあさんと　ぶつかりそうになった。

　　こんなときは，とても（　　　　　　　　　　　　）。

　　うれしい　　悲しい　　はらが立つ　　おどろく　　こわい

　　ピッタリ合うことばをえらんで（　　）の中に書いてみよう。

　　同じことばを　何回えらんでもいいし，2つえらんでもいいよ。

気持ち理解のためのミニワーク⓫
こんなときどんな気持ち？・2

なまえ _____

こんなことがあったら，あなたなら　どんな気持ちになるかな？
下の□□□の中からピッタリ合うことばをえらんで，(　　)に書いてみよう。

①体育の時間に　かけっこをした。いつも　Aくんには負けたことがなかったのに，今日はじめてAくんに負けた。

こんなときは，とても（　　　　　　　　　　）。

②なかよしの友だちが，遠くに引っこすことになった。転校するから，これからはなかなか会えなくなってしまう。

こんなときは，とても（　　　　　　　　　　）。

③朝　起きたら8時。しまった！学校に　ちこくしそうだ。

こんなときは，とても（　　　　　　　　　　）。

④算数の時間，自信まんまんで答えを発表したら，その答えがまちがっていた。

こんなときは，とても（　　　　　　　　　　）。

⑤お母さんが　熱を出して，朝からずっと　ふとんで　ねている。明日は　元気になるかなぁ。

こんなときは，とても（　　　　　　　　　　）。

　　さびしい　　　あせる　　　くやしい　　　心配する　　　はずかしい

ピッタリ合うことばをえらんで（　　）の中に書いてみよう。
同じことばを　何回えらんでもいいし，2つえらんでもいいよ。

気持ち理解のためのミニワーク⓬

こんなときどんな気持ち？・3

なまえ _____

こんなことがあったら，あなたなら　どんな気持ちになるかな？
下の□□□□の中からピッタリ合うことばをえらんで，（　　）に書いてみよう。

① 学校で転んで　足に　けがをした。友だちが心配して，いっしょに保健室に行ってくれた。

　　こんなときは，とても（　　　　　　　　　　　）。

② お母さんに　たのまれて，スーパーマーケットへ　おつかいに行った。買ってくるものを　3つ　たのまれたのに，どうしても　2つしか思い出せない。

　　こんなときは，とても（　　　　　　　　　　　）。

③ 今日は音楽会。出番が近づいてきたら，だんだん　足が　ふるえてきた。

　　こんなときは，とても（　　　　　　　　　　　）。

④ 前からほしかったゲームを，友だちが　持っていた。お母さんに　買ってもらったんだって。

　　こんなときは，とても（　　　　　　　　　　　）。

⑤ 日曜日，遊園地に　遊びに行く予定だったのに，熱が出て　行けなくなってしまった。

　　こんなときは，とても（　　　　　　　　　　　）。

こまる　　うらやましい　　感謝する　　きんちょうする　　がっかりする

　　ピッタリ合うことばをえらんで（　　）の中に書いてみよう。
　　同じことばを　何回えらんでもいいし，2つえらんでもいいよ。

気持ち理解のためのミニワーク❸

こんなとき"この人は"どんな気持ち？・1

なまえ＿＿＿＿＿＿＿＿＿＿＿＿＿＿＿＿＿

こんなことがあったら，この人は どんな気持ちになっているかな？
下の □ の中からピッタリ合うことばをえらんで，（　　）に書いてみよう。

①お店でソフトクリームを買った。妹は，お店の人からソフトクリームを受け取ったとたん，全部地面に落としてしまった。

　　こんなとき，妹は　とても（　　　　　　　　　　　）だろうな。

②学校の帰り道。Aくんの後ろから　こっそり近づいて，かたをトントンとたたいた。

　　こんなとき，Aくんは　とても（　　　　　　　　　　　）だろうな。

③公園でドッジボールをした。Bくんが何回も当てられたので，みんなが「Bくん，へたくそだな」と言った。

　　こんなとき，Bくんは　とても（　　　　　　　　　　　）だろうな。

④今日は，お父さんの　たん生日。プレゼントにお父さんの絵をかいた手紙をあげた。

　　こんなとき，お父さんは　とても（　　　　　　　　　　　）だろうな。

⑤散歩をしていた大きな犬が，通りかかった　小さい子に　ほえていた。

　　こんなとき，小さい子は　とても（　　　　　　　　　　　）だろうな。

うれしい　　悲しい　　はらが立つ　　おどろく　　こわい

　　同じことばを何回えらんでもいいし，2つえらんでもいいよ。
　　文に合うように，ことばの形を変えてもいいよ。
　　（たとえば，うれしい→うれしかった）

気持ち理解のためのミニワーク❶❹

こんなとき "この人は" どんな気持ち？・2

なまえ _____

こんなことがあったら，この人は　どんな気持ちになっているかな？
下の▭の中からピッタリ合うことばをえらんで，（　　）に書いてみよう。

①朝，学校に来たAくんは，女の子から「右と左で　ちがう　くつ　はいてるよ」と言われていた。どうやら家を出るときに　まちがえたらしい。
　こんなとき，Aくんは　とても（　　　　　　　　　　）だろうな。

②Bくんとオセロをした。とちゅうまで　どっちが勝つか　わからなかったけど，最後に数えたら，Bくんの方が2まい少なかった。
　こんなとき，Bくんは　とても（　　　　　　　　　　）だろうな。

③夜，いつも帰ってくる時間になっても，お父さんが帰ってこない。お母さんが，「どうしたのかな。まさか事故じゃないわよね」と言った。
　こんなとき，お母さんは　とても（　　　　　　　　　　）だろうな。

④今日の図工は工作。みんなは完成したけど，Cくんだけが，まだ半分ぐらいしかできていない。先生が「あと10分で終わります」と言った。
　こんなとき，Cくんは　とても（　　　　　　　　　　）だろうな。

⑤Dくんのお父さんが，病気で入院した。お母さんも毎日病院でつきそっていて，Dくんは，いつも夜おそくまで　一人なんだって。
　こんなとき，Dくんは　とても（　　　　　　　　　　）だろうな。

| さびしい　　あせる　　くやしい　　心配する　　はずかしい |

同じことばを何回えらんでもいいし，2つえらんでもいいよ。
文に合うように，ことばの形を変えてもいいよ。
（たとえば，うれしい→うれしかった）

気持ち理解のためのミニワーク❶⓹

こんなとき"この人は"どんな気持ち？・3

なまえ＿＿＿＿＿＿＿＿＿＿＿＿＿＿＿＿＿＿

こんなことがあったら，この人は　どんな気持ちになっているかな？
下の□□□の中からピッタリ合うことばをえらんで，（　　　）に書いてみよう。

①休み時間，Aくんは　友だちからドッジボールと　おにごっこに　さそわれていた。
　どっちも　Aくんのすきな遊びだけど，どうするのかな。
　こんなとき，Aくんは　とても（　　　　　　　　　　　）だろうな。

②お正月に　お年玉をもらった。お姉ちゃんが　もらったふくろに　お金がたくさん
　入っていたのを見て，弟が「いいな〜」と言った。
　こんなとき，弟は　とても（　　　　　　　　　　　）だろうな。

③Bくんは，テストで80点を取った。お母さんに　ほめてもらえると思ったのに，
　「次は90点取りなさいよ」と言われたんだって。
　こんなとき，Bくんは　とても（　　　　　　　　　　　）だろうな。

④Cくんが，学校に水とうを　わすれて帰ってしまった。となりの席の子が気づいて，
　Cくんの家に　水とうを　とどけてあげた。
　こんなとき，Cくんは　とても（　　　　　　　　　　　）だろうな。

⑤お兄ちゃんは，お母さんから，校長先生に手紙を　わたすように　たのまれていた。
　お兄ちゃんは，今日はじめて校長室に行くんだって。
　こんなとき，お兄ちゃんは　とても（　　　　　　　　　　　）だろうな。

　　こまる　　うらやましい　　感謝する　　きんちょうする　　がっかりする

　　同じことばを何回えらんでもいいし，2つえらんでもいいよ。
　　文に合うように，ことばの形を変えてもいいよ。
　　（たとえば，うれしい→うれしかった）

解説　この人なんて言ってるの?!ワーク❶

かけっこで勝った

┤ 正 解 例 ├

1　この人は何をしているのかな？
（男の子が）かけっこで1位になった。

2　この人は今どんな気持ちかな？
うれしい，喜んでいる……1位になった（勝った）ことに対する気持ち。

3　この人はなんて言っているかな？
「やったー！」「1位だ」など。

ステップ1　状況の読み取り　　　　　　難易度★

①絵の一部分だけに注目して，全体の状況を読み誤っている場合
　絵の中の情報について質問し，子どもが注目しなかったものにも注意を向けさせます。
・「誰がいますか？」→男の子2人
・「何がありますか？」→ゴールテープ
・「何をしていますか？」
　ヒント1　前にいる男の子は？→片手を上げて笑顔で走っている。
　ヒント2　後ろの男の子は？→汗をかいて苦しそうな顔をして走っている。

②必要な情報は読み取っているが，それらを適切に関係づけていない場合
　1つ1つの情報とその関係性を確認し，わからないときは説明します。
・2人の男の子が走っている。
・前にいる男の子がゴールテープを切ろうとしている。
・後ろの男の子は前の男の子の少し後ろを苦しそうな表情で走っている。
　⇒この3つの状況からどんなことがわかりますか？
　　→「男の子たちはかけっこをしていて，前にいる男の子が1位になった。」と正答の確認をします。

56

ステップ2　気持ちの読み取り　　　難易度★

①人物の気持ちよりも，動作や状態に注目している場合（気持ちを表現する適切な言葉を知らない場合もある）

　例 「一番になったから笑っている」など

・人物の表情に注目させます。
・表情に合った言葉を選択できるように，表情と気持ちを表す言葉を結びつける練習をさせます（ミニワーク❶〜❺，付録❶）。

②気持ちを表現する適切な言葉を知らない場合（感情表現が未熟，または気持ちをセリフで表現している）

　例 「やったー」「わーい」など

・気持ちを表す言葉を使わず，セリフで表現している場合は，気持ちとセリフを分けて考えさせ，その上で，この場面と表情に合った言葉を教えます。
・気持ちを表す言葉を教え，その意味を確認させます（ミニワーク❻〜❾，付録❶）。
・場面に合った気持ちの言葉を，選択肢から選ぶ練習をさせます（ミニワーク❿〜⓯）。

解説 この人なんて言ってるの?! ワーク❷

ぬいぐるみをプレゼントしてもらった

| 正解例 |

1 この人は何をしているのかな？
（女の子が）男の人（お父さんなど）にくまのぬいぐるみをプレゼントしてもらった。

2 この人は今どんな気持ちかな？
うれしい・喜んでいる……プレゼントをもらって喜ぶ気持ち。

3 この人はなんて言っているかな？
「ありがとう」「これ，ほしかったんだ」など。

ステップ1　状況の読み取り　　　　難易度★

①絵の一部分だけに注目して，全体の状況を読み誤っている場合

絵の中の情報について質問し，子どもが注目しなかったものにも注意を向けさせます。

・「何がありますか？」→ふたの開いた箱，リボン，包装紙，くまのぬいぐるみ
・「誰がいますか？」→男の人（お父さん，お兄さん　など），女の子
・「何をしていますか？」
　ヒント1　男の人は？→ふたの開いた箱を手で示している。
　ヒント2　女の子は？→くまのぬいぐるみを手で持っている。
　　　　　　　　　　　手に持ったぬいぐるみを見て笑っている。

②必要な情報は読み取っているが，それらを適切に関係づけていない場合

1つ1つの情報とその関係性を確認し，わからないときは説明します。

・男の人が，箱を手のひらで指し示している。
・箱のふたが開いていて，包装紙とリボンがある。
・女の子は，手にくまのぬいぐるみを持って，笑っている。
　⇒この3つの状況からどんなことがわかりますか？
　　→「女の子は，男の人からくまのぬいぐるみをプレゼントされた。」と正答の確認をします。

┤ヒント例├

- この人はだれ？
- この人は何を見ている？
  → わからないときは，視線の向きに注目させる。
- この人は何をしている？
  → わからないときは，この人のジェスチャー（指一本ではなく、手のひらで指し示している）の意味を考えさせる。

- 女の子は何を見ている？
- 女の子は何を持っている？
- こんな表情をしている女の子はどんな気持ちかな？
- このぬいぐるみは、女の子が手にする前はどこにあったのかな？
  → わからないときは，箱のふたが開いていることに注目させる。

- これは何？
  → わからないときは、今までに同じようなものを見たことがないか思い起こさせる（誕生日やクリスマスのとき，などの手がかりを与えてもよい）。
- 箱はどうなっている？
- 箱はどうして開いているの？

ステップ２　気持ちの読み取り　　　　難易度★

◎気持ちを表現する適切な言葉を知らない場合（感情表現が未熟，または気持ちをセリフで表現している）

　例　「楽しい」「楽しみ」

・気持ちを表す言葉を使わず，セリフで表現している場合は，気持ちとセリフを分けて考えさせ，その上で，この場面と表情に合った言葉を教えます。
・気持ちを表す言葉を教え，その意味を確認させます（ミニワーク❻〜❾，付録❶）。
・場面に合った気持ちの言葉を，選択肢から選ぶ練習をさせます（ミニワーク❿〜⓯）。

解説　この人なんて言ってるの?! ワーク❸

友だちとトランプをしている

┤ 正 解 例 ├

1　この人は何をしているのかな？
（男の子が）友だちとトランプで遊んでいて，女の子に1枚引いてもらおうとしている。

2　この人は今どんな気持ちかな？
楽しい……友だちと仲良く遊んでいる状況を楽しんでいる気持ち。
うれしい・喜んでいる……友だちと一緒に遊べることを喜ぶ気持ち。

3　この人はなんて言っているかな？
「楽しいな」「ジョーカー引いて」など。

■ステップ1　状況の読み取り　　　　　　難易度★

①絵の一部分だけに注目して，全体の状況を読み誤っている場合
　絵の中の情報について質問し，子どもが注目しなかったものにも注意を向けさせます。
・「何がありますか？」→トランプ
・「誰がいますか？」→男の子，女の子
・「何をしていますか？」
　　ヒント1　男の子は？→トランプを何枚か立てて持っている。
　　ヒント2　女の子は？→トランプを何枚か立てて持っている。
　　　　　　　　　　　　隣の男の子の持つトランプに手を伸ばしている。

②必要な情報は読み取っているが，それらを適切に関係づけていない場合
　1つ1つの情報とその関係性を確認し，わからないときは説明します。
・子どもたちは手にトランプを持っている。
・女の子が，男の子の持つトランプに手を伸ばしている。
・男の子が，自分の持つトランプを見ながら笑っている。
　⇒この3つの状況からどんなことがわかりますか？
　　→「男の子は，ゲームの中で自分の持っているトランプを女の子に1枚引いてもらおうとしている。」と正答の確認をします。

> ・女の子は何をしている？
> →わからないときは，手に何を持っているかに注目させる。

> ・男の子は何を見ている？
> ・男の子はどんな表情をしている？
> ・こんな表情をしている男の子はどんな気持ちかな？

> ・これは何？
> →わからないときは，書いてあるマークに注目させる。
> →トランプの実物を見せる。

ヒント例

ステップ2　気持ちの読み取り　　難易度★

①人物の気持ちよりも，動作や状態に注目している場合（気持ちを表現する適切な言葉を知らない場合もある）

　例　「笑っている」

・人物の表情に注目させます。
・表情に合った言葉を選択できるように，表情と気持ちを表す言葉を結びつける練習をさせます（ミニワーク❶～❺，付録❶）。

②絵の中の人物の気持ちではなく，自分の経験を当てはめたり，自分ならどう思うかを考えている場合（人物の表情とは合わない言葉で表現したり，セリフで表現したりする）

　例　「やったー」「ババ引けー」

・人物の表情に注目させます。
・絵の中の人物の気持ちを適切な言葉で表現できるように，表情と気持ちを表す言葉を結びつける練習をさせます（ミニワーク❶～❺，付録❶）。

解説　この人なんて言ってるの?! ワーク❹

教室で先生からテストを返してもらった

┤ 正 解 例 ├

1　この人は何をしているのかな？
（男の子が）教室で先生からテストを返してもらった。

2　この人は今どんな気持ちかな？
うれしい・喜んでいる……自分のテストの点数がよかったことを喜ぶ気持ち。
満足……自分のテストの出来具合に手応えを感じる気持ち。

3　この人はなんて言っているかな？
「やったー，100点だ」「90点か，まあまあだな」など。

ステップ1　状況の読み取り　　　　　　難易度★

①絵の一部分だけに注目して，全体の状況を読み誤っている場合

　絵の中の情報について質問し，子どもが注目しなかったものにも注意を向けさせます。

・「何がありますか？」→黒板，教卓，プリント
・「誰がいますか？」→男の人（先生），女の子，男の子
・「このプリントは何ですか？」
　ヒント　何が書いてある？→○や✓，数字が書いてある。
　　　　　　　　　　→採点済みのテスト
・「何をしていますか？」
　ヒント1　男の人（先生）は？→テストを返している。
　ヒント2　女の子は？→テストを受け取っている。
　ヒント3　男の子は？→返されたテストを見ている，少しほほえんでいる。

②必要な情報は読み取っているが，それらを適切に関係づけていない場合

　1つ1つの情報とその関係性を確認し，わからないときは説明します。

・先生が子ども1人1人にテストを返している。
・男の子が，返されたテストを見ている。
・男の子は，少しほほえんでいる。
　⇒この3つの状況からどんなことがわかりますか？
　　→「男の子はテストの点がよかった。」と正答の確認をします。

ステップ2　気持ちの読み取り　　　　難易度★★

◎気持ちを表現する適切な言葉を知らない場合（感情表現が未熟，または気持ちをセリフで表現している）

例 「楽しい」

・気持ちを表す言葉を使わず，セリフで表現している場合は，気持ちとセリフを分けて考えさせ，その上で，この場面と表情に合った言葉を教えます。

・気持ちを表す言葉を教え，その意味を確認させます（ミニワーク❻〜❾，付録❶）。

・場面に合った気持ちの言葉を，選択肢から選ぶ練習をさせます（ミニワーク❿〜⓯）。

解説　この人なんて言ってるの?! ワーク❺

部屋を散らかしてしかられた

|　正 解 例　|

1　この人は何をしているのかな？
（男の子が）部屋を散らかしてお母さんにしかられている。

2　この人は今どんな気持ちかな？
悲しい，しょんぼりする……しかられたことに対する気持ち。

3　この人はなんて言っているかな？
「ごめんなさい」「今から片づけます」など。

ステップ1　状況の読み取り　　　　難易度★

①絵の一部分だけに注目して，全体の状況を読み誤っている場合

　絵の中の情報について質問し，子どもが注目しなかったものにも注意を向けさせます。

- 「何がありますか？」→本，おもちゃ，空き箱，お菓子の空き袋
- 「誰がいますか？」→男の子，女の人（お母さん）
- 「何をしていますか？」

　ヒント1　女の人は？→床を指さし，男の子を見て何か言っている。

　ヒント2　男の子は？→少しうつむいて立っている。

②必要な情報は読み取っているが，それらを適切に関係づけていない場合

　1つ1つの情報とその関係性を確認し，わからないときは説明します。

- 床に本やおもちゃなどが散らばっている。
- 女の人が床を指さし，男の子を見て何かを言っている。
- 男の子は少しうつむいて立っている。

　⇒この3つの状況からどんなことがわかりますか？

　　→「床に本やおもちゃなどが散らばっているので，女の人が「片付けなさい」と男の子をしかっている。」と正答の確認をします。

　"部屋を散らかしたことをしかられている"という状況は正しく読み取れたものの，お母さんが指さした先に何も描かれていないことから部屋の外を指さしたと考えて，「片付けないなら，家出しろ（＝出て行きなさい）」と言われたと説明した人がいました。過去に「○○しないなら，出て行きなさい」としかられた経験があったのかもしれません。このような回答をする人の中には，言われたことばを字義通りに受け取ってしまう人もいます。なぜそのように考えたかを聞き取った上で，『"出て行きなさい"としかられたとき，ほとんどの場合は，しかった人は本当に出て行ってほしいと思っているのではなく，"○○しないことは許さない"ぐらいに腹を立てている』と説明しておきましょう。

ステップ２　気持ちの読み取り　　難易度★★★

①気持ちを表現する適切な言葉を知らない場合（感情表現が未熟，または気持ちをセリフで表現している）

　例　「いやな気持ち」「ちぇっ，ばれたか」「もー」「片づけておけばよかった」

・気持ちを表す言葉を使わず，セリフで表現している場合は，気持ちとセリフを分けて考えさせ，その上で，この場面と表情に合った言葉を教えます。
・気持ちを表す言葉を教え，その意味を確認させます（ミニワーク❻〜❾，付録❶）。
・場面に合った気持ちの言葉を，選択肢から選ぶ練習をさせます（ミニワーク❿〜⓯）。

②絵の中の人物の気持ちではなく，自分の経験を当てはめたり，自分ならどう思うかを考えている場合（人物の表情とは合わない言葉で表現したり，セリフで表現したりする）

　例　「くやしい」「バカ」

・人物の表情に注目させます。
・絵の中の人物の気持ちを適切な言葉で表現できるように，表情と気持ちを表す言葉を結びつける練習をさせます（ミニワーク❶〜❺，付録❶）。

解説 この人なんて言ってるの?! ワーク❻

犬に追いかけられた

┤ 正 解 例 ├

1　この人は何をしているのかな？
（女の子が）犬に追いかけられて逃げている。
2　この人は今どんな気持ちかな？
こわい……追いかけられていることに対する気持ち。
3　この人はなんて言っているかな？
「キャー，助けて」「こわいよー」など。

ステップ1　状況の読み取り　　　　　　難易度★

①絵の一部分だけに注目して，全体の状況を読み誤っている場合
　絵の中の情報について質問し，子どもが注目しなかったものにも注意を向けさせます。
・「誰がいますか？」→女の子，犬
・「何をしていますか？」
　ヒント1　犬は？→女の子に向かって走っている。
　ヒント2　女の子は？→犬とは反対の方向に走っている。

②必要な情報は読み取っているが，それらを適切に関係づけていない場合
　1つ1つの情報とその関係性を確認し，わからないときは説明します。
・犬が女の子に向かって走っている。
・女の子は犬とは反対の方向に，顔をしかめて走っている。
　⇒この2つの状況からどんなことがわかりますか？
　　→「女の子が，犬に追いかけられて逃げている。」と正答の確認をします。

ヒント例

ステップ2　気持ちの読み取り　　　難易度★★★

◎気持ちを表現する適切な言葉を知らない場合（感情表現が未熟，または気持ちをセリフで表現している）

　例　「いやな気持ち」「助けて」「来ないで」

・気持ちを表す言葉を使わず，セリフで表現している場合は，気持ちとセリフを分けて考えさせ，その上で，この場面と表情に合った言葉を教えます。
・気持ちを表す言葉を教え，その意味を確認させます（ミニワーク❻〜❾，付録❶）。
・場面に合った気持ちの言葉を，選択肢から選ぶ練習をさせます（ミニワーク❿〜⓯）。

解説　この人なんて言ってるの?! ワーク❼

みんなの前で発表した

┤正 解 例├

1　この人は何をしているのかな？
（女の子が）みんなの前で発表（または 本読み）をしている。

2　この人は今どんな気持ちかな？
緊張する・あせる・ドキドキする・はずかしい
　　……大勢の人の前で発表して緊張する気持ち。

3　この人はなんて言っているかな？
「えーっと」「あー，はずかしい」など。

ステップ1　状況の読み取り　　　　　　　難易度★★

①絵の一部分だけに注目して，全体の状況を読み誤っている場合
　絵の中の情報について質問し，子どもが注目しなかったものにも注意を向けさせます。
・「何がありますか？」→黒板，黒板消し，台（教壇），手に持っている紙（または教科書）
・「誰がいますか？」→女の子，大勢の子どもたち
・「何をしていますか？」
　ヒント1　女の子は？→黒板の前に立っている。
　　　　　　　　　　　手に紙（または教科書）を持っている。
　　　　　　　　　　　体が震えている。
　ヒント2　大勢の子どもたちは？→女の子の方を向いて立っている。

②必要な情報は読み取っているが，それらを適切に関係づけていない場合
　1つ1つの情報とその関係性を確認し，わからないときは説明します。
・女の子が黒板の前に立っている。
・女の子が紙（または教科書）を見ている。
・大勢の子どもたちが前に立っている女の子の方を向いている。
　⇒この3つの状況からどんなことがわかりますか？
　　→「女の子が教室の前に立って大勢の子どもの前で発表（または本読み）をしている。」と
　　　正答の確認をします。

ヒント例

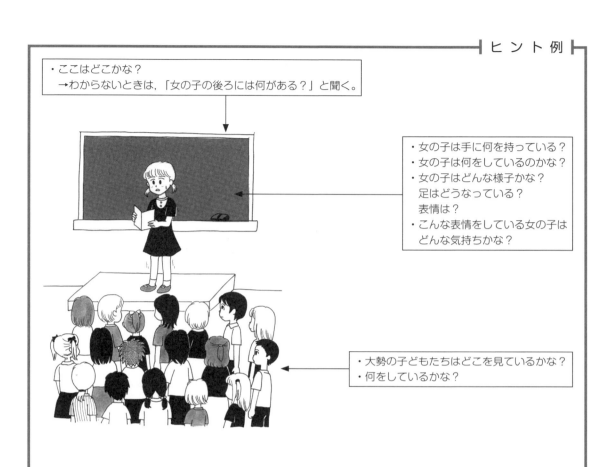

ステップ2　気持ちの読み取り　　　難易度★

◎気持ちを表現する適切な言葉を知らない場合（感情表現が未熟，または気持ちをセリフで表現している）

　例「悲しい」

・気持ちを表す言葉を使わず，セリフで表現している場合は，気持ちとセリフを分けて考えさせ，その上で，この場面と表情に合った言葉を教えます。
・気持ちを表す言葉を教え，その意味を確認させます（ミニワーク❻〜❾，付録❶）。
・場面に合った気持ちの言葉を，選択肢から選ぶ練習をさせます（ミニワーク❿〜⓯）。

解説　この人なんて言ってるの?! ワーク❽

歩いていたら雨が降ってきた

┤正解例├

1　この人は何をしているのかな？
　a（男の子が）学校から帰る途中，かさを持っていないのに雨が降ってきた。
　b（男の子が）遠足に行こうとしたら雨が降ってきた。
2　この人は今どんな気持ちかな？
　a 困る，悲しい……体が濡れてしまうことに対する気持ち。
　b 残念，がっかりする……遠足に行けないことに対する気持ち。
3　この人はなんて言っているかな？
　a「どうしよう，かさ持ってないのに」「うわー，雨が降ってきたー」など。
　b「雨が降ったら行けないなぁ」「やだなー，今日は遠足なのに」など。

　ステップ1　状況の読み取り　　　　　難易度★

①絵の一部分だけに注目して，全体の状況を読み誤っている場合

　絵の中の情報について質問し，子どもが注目しなかったものにも注意を向けさせます。
・「何がありますか？」→家，塀，木
・「誰がいますか？」→男の子
・「男の子は何を持っていますか？」→かばん（ランドセル，リュックサック），水筒，帽子
・「どんなお天気ですか？」→雨が降っている。

②必要な情報は読み取っているが，それらを適切に関係づけていない場合

　1つ1つの情報とその関係性を確認し，わからないときは説明します。
・かばんを背負い，水筒を持った男の子が外を歩いている。
　⇒この状況からどんなことがわかりますか？
　　→「学校から家に帰ろうとしている／遠足に行こうとしている。」と正答の確認をします。
・雨が降っているが，男の子はかさをさしていない。
・男の子は空を見上げ，困った顔をしている。
　⇒この2つの状況からどんなことがわかりますか？
　　→「かさを持っていないのに雨が降ってきた／遠足なのに雨が降ってきた。」と正答の確認
　　　をします。

70

> ステップ2　気持ちの読み取り　　難易度★★★

①人物の気持ちよりも，動作や状態に注目している場合（気持ちを表現する適切な言葉を知らない場合もある）

　例　「びっくり」

・人物の表情に注目させます。
・表情に合った言葉を選択できるように，表情と気持ちを表す言葉を結びつける練習をさせます（ミニワーク❶～❺，付録❶）。

②気持ちを表現する適切な言葉を知らない場合（感情表現が未熟，または気持ちをセリフで表現している）

　例　「いやな気持ち」「どうしよう」「最悪」

・気持ちを表す言葉を使わず，セリフで表現している場合は，気持ちとセリフを分けて考えさせ，その上で，この場面と表情に合った言葉を教えます。
・気持ちを表す言葉を教え，その意味を確認させます（ミニワーク❻～❾，付録❶）。
・場面に合った気持ちの言葉を，選択肢から選ぶ練習をさせます（ミニワーク❿～⓯）。

解説 この人なんて言ってるの?! ワーク❾

図工で作品をなかなか作れない

| 正 解 例 |

1　この人は何をしているのかな？
（男の子が）ねん土で作品を作っているが，隣の女の子と比べるとできていない。

2　この人は今どんな気持ちかな？
あせる・イライラする・ムシャクシャする・困る・くやしい
　　　……作品をなかなか作れないことに対する気持ち。

3　この人はなんて言っているかな？
「うまくできないなー」「むずかしい」など。

ステップ1　状況の読み取り　　　　　難易度★

①絵の一部分だけに注目して，全体の状況を読み誤っている場合
　絵の中の情報について質問し，子どもが注目しなかったものにも注意を向けさせます。

・「何がありますか？」→ねん土，ねん土板，机，いす
・「誰がいますか？」→男の子，女の子
・「何をしていますか？」
　ヒント1　男の子は？→ねん土で作品を作っているが，形になっていない。
　ヒント2　女の子は？→同じように作っていて，完成が近い。

②必要な情報は読み取っているが，それらを適切に関係づけていない場合
　例　（作品ができていない状況と表情を結びつけず）「がんばっている」「きびしそうに集中している」
　1つ1つの情報とその関係性を確認し，わからないときは説明します。

・男の子は汗をかいて，眉間にしわを寄せ，口をゆがめている。
・ねん土の作品が形になっていない。
・女の子の作品は完成が近い。
　⇒この3つの状況からどんなことがわかりますか？
　　→「男の子がねん土で作品を作っているが，隣の女の子と比べるとできていない。」と正答の確認をします。

ヒント例

- 男の子は何をしている？
- 男の子はどんな表情をしている？
  →わからないときは，
   まゆ毛は？　口は？
   （汗をさして）これは何？
- こんな表情をしている子は、どんな気持ちかな？

- 女の子は何をしている？
- 女の子はどんな表情をしている？

- これは何？
- 男の子の作品は，女の子の作品とくらべてどうかな？
  →わからないときは、男の子の作品はどれぐらいできている？
   女の子の作品はどれぐらいできている？
   どっちが進んでいる？

ステップ2　気持ちの読み取り　　　難易度★★

①人物の気持ちよりも，動作や状態に注目している場合（気持ちを表現する適切な言葉を知らない場合もある）

例「一生懸命な気持ち」

・人物の表情に注目させます。
・表情に合った言葉を選択できるように，表情と気持ちを表す言葉を結びつける練習をさせます（ミニワーク❶〜❺，付録❶）。

②気持ちを表現する適切な言葉を知らない場合（感情表現が未熟，または気持ちをセリフで表現している）

例「いやな気持ち」「悲しい」「また失敗」「全然作れない」

・気持ちを表す言葉を使わず，セリフで表現している場合は，気持ちとセリフを分けて考えさせ，その上で，この場面と表情に合った言葉を教えます。
・気持ちを表す言葉を教え，その意味を確認させます（ミニワーク❻〜❾，付録❶）。
・場面に合った気持ちの言葉を，選択肢から選ぶ練習をさせます（ミニワーク❿〜⓯）。

解説　この人なんて言ってるの?! ワーク❿

絵を見た人が頭をなでてくれた

┤正解例├

1　この人は何をしているのかな？
（男の子が）女の人（お母さん，先生 など）に絵をほめられて，頭をなでられている。

2　この人は今どんな気持ちかな？
うれしい，喜んでいる……ほめられたことに対する気持ち。

3　この人はなんて言っているかな？
「うまくかけたでしょ」「やったー，ほめてもらった」など。

ステップ1　状況の読み取り　　　　　難易度★

①絵の一部分だけに注目して，全体の状況を読み誤っている場合

　絵の中の情報について質問し，子どもが注目しなかったものにも注意を向けさせます。

・「誰がいますか？」→男の子，女の人（お母さん，先生など）
・「何がありますか？」→絵
・「何をしていますか？」
　ヒント1　女の人は？→絵を見ている，男の子の頭をなでている。
　ヒント2　その絵はだれがかきましたか？→男の子
　ヒント3　男の子は？→女の人を見て，うれしそうな顔をしている。

②必要な情報は読み取っているが，それらを適切に関係づけていない場合

　例　「どうしてなでてもらっているかは知らない」
　1つ1つの情報とその関係性を確認し，わからないときは説明します。

・女の人は絵を見てうれしそうな顔をしている。
・女の人が男の子の頭をなでている（頭をなでる⇒「ほめる」などの肯定的な意味合いがあることを確認します）。
・男の子はうれしそうな顔をしている。
　⇒この3つの状況からどんなことがわかりますか？
　　→「男の子は女の人に絵をほめられている。」と正答の確認をします。

- 男の子はどんな表情をしている？
- こんな表情をしている子はどんな気持ちかな？

- この人はだれ？
- この人は何を見ている？
  → わからないときは，何を持っているかに注目させる。
- この人は男の子に何をしているかな？
- この人はどんな表情をしている？
- こんな表情をしている人はどんな気持ちかな？
- なぜ、男の子の頭をなでているの？

- これは何？
- だれがかいたのかな？

ステップ2　気持ちの読み取り　　　難易度★

① 人物の気持ちよりも，動作や状態に注目している場合（気持ちを表現する適切な言葉を知らない場合もある）

　例　「ほめてもらった」

- 人物の表情に注目させます。
- 表情に合った言葉を選択できるように，表情と気持ちを表す言葉を結びつける練習をさせます（ミニワーク❶～❺，付録❶）。

② 気持ちを表現する適切な言葉を知らない場合（感情表現が未熟，または気持ちをセリフで表現している）

　例　「いい気持ち」

- 気持ちを表す言葉を使わず，セリフで表現している場合は，気持ちとセリフを分けて考えさせ，その上で，この場面と表情に合った言葉を教えます。
- 気持ちを表す言葉を教え，その意味を確認させます（ミニワーク❻～❾，付録❶）。
- 場面に合った気持ちの言葉を，選択肢から選ぶ練習をさせます（ミニワーク❿～⓯）。

解説　この人なんて言ってるの?! ワーク⓫

自転車で転んでけがをした

┤正解例├

1　この人は何をしているのかな？
（男の子が）自転車で転んで足をけがした。

2　この人は今どんな気持ちかな？
悲しい……自転車で転んだことに対する気持ち。
痛い……けがをしたことに対する気持ち。

3　この人はなんて言っているかな？
「痛いよー」「痛いよ，どうしよう」など。

▌ステップ1　状況の読み取り　　　　　難易度★

①絵の一部分だけに注目して，全体の状況を読み誤っている場合
　絵の中の情報について質問し，子どもが注目しなかったものにも注意を向けさせます。

・「何がありますか？」→自転車，カバン，筆箱，ノート，本，プリント
・「誰がいますか？」→男の子
・「どうなっていますか？」「何をしていますか？」
　ヒント1　自転車は？→倒れている，壊れている（チェーンが外れている）。
　ヒント2　カバンは？→ふたが開いている，中身が外に飛び出している。
　ヒント3　男の子は？→座って膝を押さえている，膝にけがをしている，泣いている。

②必要な情報は読み取っているが，それらを適切に関係づけていない場合
　例　（カバンを持って歩いていて）自転車にぶつかった。
　1つ1つの情報とその関係性を確認し，わからないときは説明します。

・自転車が倒れて壊れている（チェーンが外れている）。
・カバンが落ちていて，中身が散乱している。
・男の子が座り込んでいる。
　⇒この3つの状況からどんなことがわかりますか？
　　→「自転車に乗っていた男の子が，転んで自転車から落ちた。」と正答の確認をします。
・男の子が手で膝を押さえて，泣いている。
・膝にけがをしている。
　⇒この2つの状況からどんなことがわかりますか？
　　→「男の子は，膝をけがして泣いている。」と正答の確認をします。

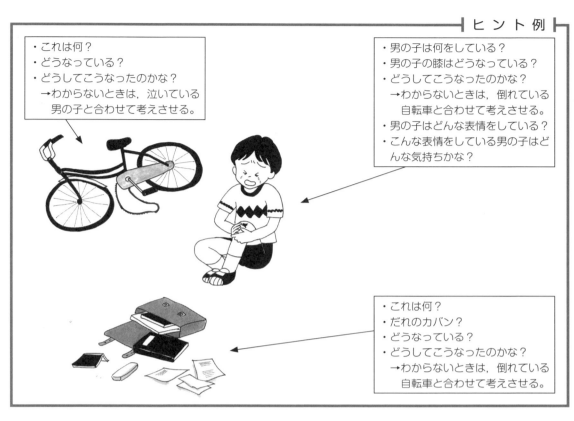

ステップ2　気持ちの読み取り　　　難易度★

①気持ちを表現する適切な言葉を知らない場合（感情表現が未熟，または気持ちをセリフで表現している）

　例　「いやな気持ち」「悔しい」

・気持ちを表す言葉を使わず，セリフで表現している場合は，気持ちとセリフを分けて考えさせ，その上で，この場面と表情に合った言葉を教えます。
・気持ちを表す言葉を教え，その意味を確認させます（ミニワーク❻〜❾，付録❶）。
・場面に合った気持ちの言葉を，選択肢から選ぶ練習をさせます（ミニワーク❿〜⓯）。

②絵の中の人物の気持ちではなく，自分の経験を当てはめたり，自分ならどう思うかを考えている場合（人物の表情とは合わない言葉で表現したり，セリフで表現したりする）

　例　「恥ずかしい」「悔しい」

・人物の表情に注目させます。
・絵の中の人物の気持ちを適切な言葉で表現できるように，表情と気持ちを表す言葉を結びつける練習をさせます（ミニワーク❶〜❺，付録❶）。

77

解説 この人なんて言ってるの?! ワーク❶❷

じゃんけんで負けた

| 正 解 例 |

1　この人は何をしているのかな？
（男の子が）友だちとじゃんけんをして負けた。
2　この人は今どんな気持ちかな？
くやしい，怒る，イライラする，むかつく……じゃんけんで負けたことに対する気持ち。
3　この人はなんて言っているかな？
「くそっ，負けちゃった」「負けた。くやしー」など。

ステップ1　状況の読み取り　　　　難易度★

①絵の一部分だけに注目して，全体の状況を読み誤っている場合

　例　これからじゃんけんをするところだと考えて「一生懸命じゃんけんしている」
絵の中の情報について質問し，子どもが注目しなかったものにも注意を向けさせます。

・「誰がいますか？」→男の子2人と女の子1人
・「何をしていますか？」→じゃんけんをしている。
・「じゃんけんで何を出していますか？」
　→左の女の子と真ん中の男の子はパー，右の男の子はグー。

②必要な情報は読み取っているが，それらを適切に関係づけていない場合
　　1つ1つの情報とその関係性を確認し，わからないときは説明します。
・右の男の子がじゃんけんでグーを出して，怒った顔をしている。
・左の女の子と真ん中の男の子は，じゃんけんでパーを出して，笑っている。
　⇒この2つの状況からどんなことがわかりますか？
　　→「右の男の子だけがじゃんけんで負けた。」と正答の確認をします。

78

ステップ2　気持ちの読み取り　　　　難易度★★

①気持ちを表現する適切な言葉を知らない場合（感情表現が未熟，または気持ちをセリフで表現している）

　例　「いやな気持ち」「くそー」「ショック」

・気持ちを表す言葉を使わず，セリフで表現している場合は，気持ちとセリフを分けて考えさせ，その上で，この場面と表情に合った言葉を教えます。
・気持ちを表す言葉を教え，その意味を確認させます（ミニワーク❻～❾，付録❶）。
・場面に合った気持ちの言葉を，選択肢から選ぶ練習をさせます（ミニワーク❿～⓯）。

②絵の中の人物の気持ちではなく，自分の経験を当てはめたり，自分ならどう思うかを考えている場合（人物の表情とは合わない言葉で表現したり，セリフで表現したりする）

　例　「うきうきわくわく」「悲しい」

・人物の表情に注目させます。
・絵の中の人物の気持ちを適切な言葉で表現できるように，表情と気持ちを表す言葉を結びつける練習をさせます（ミニワーク❶～❺，付録❶）。

解説　この人なんて言ってるの?! ワーク❸

引っ越しをする友だちと話している

┤ 正 解 例 ├

1　この人は何をしているのかな？
（男の子が）引っ越しをする女の子と話をしている。

2　この人は今どんな気持ちかな？
悲しい・しょんぼりする・さびしい……友だちと別れて会えなくなることに対する気持ち。

3　この人はなんて言っているかな？
「さようなら，また会おうね」「元気でね，バイバイ」など。

ステップ1　状況の読み取り　　　　　難易度★★

①絵の一部分だけに注目して，全体の状況を読み誤っている場合

　例　お母さんのお迎えが遅いので，友だちと話をしながらお迎えを待っている。

絵の中の情報について質問し，子どもが注目しなかったものにも注意を向けさせます。

・「何がありますか？」→トラック，タンス，ベッド，たくさんの箱
・「誰がいますか？」→男の子，女の子，女の人，（トラックのところに）男の人
・「どうなっていますか？」「何をしていますか？」

　ヒント1　トラックは？→後ろのドアが開いている，周りに家具や箱が置いてある。
　ヒント2　男の人たちは？→タンスを持ち上げてトラックに積んでいる。
　ヒント3　女の子は？→男の子を見て悲しそうな顔で手を振っている。
　ヒント4　男の子は？→女の子を見て悲しそうな顔で手を振っている。

②必要な情報は読み取っているが，それらを適切に関係づけていない場合

　例　トラックが止まっている工場の前で，「困るね」と話している。
　　　引っ越しの経験がなく，この絵を引っ越しと判断できない。

1つ1つの情報とその関係性を確認し，わからないときは説明します。

・トラックの後ろのドアが開いていて，周りに家具やたくさんの箱が置いてある。
・男の人がタンスをトラックに積んでいる。
　⇒この2つの状況からどんなことがわかりますか？
　　→「引っ越そうとしている（トラックに荷物を積んでいる）。」と正答の確認をします。
・男の子と女の子が，悲しそうな顔をして手を振っている。
　⇒この状況からどんなことがわかりますか？
　　→「男の子と女の子は，お別れのあいさつをしている。」と正答の確認をします。

| ステップ2　気持ちの読み取り | 難易度★ |

①気持ちを表現する適切な言葉を知らない場合（感情表現が未熟，または気持ちをセリフで表現している）

　例　「いやな気持ち」「悔しい」「バイバイ」

・気持ちを表す言葉を使わず，セリフで表現している場合は，気持ちとセリフを分けて考えさせ，その上で，この場面と表情に合った言葉を教えます。
・気持ちを表す言葉を教え，その意味を確認させます（ミニワーク❻～❾，付録❶）。
・場面に合った気持ちの言葉を，選択肢から選ぶ練習をさせます（ミニワーク❿～⓯）。

②絵の中の人物の気持ちではなく，自分の経験を当てはめたり，自分ならどう思うかを考えている場合（人物の表情とは合わない言葉で表現したり，セリフで表現したりする）

　例　「もっと一緒に遊んだりしたいな」

・人物の表情に注目させます。
・絵の中の人物の気持ちを適切な言葉で表現できるように，表情と気持ちを表す言葉を結びつける練習をさせます（ミニワーク❶～❺，付録❶）

解説　この人なんて言ってるの?! ワーク⓮

ボタンのかけ違いを友だちに指摘された

| 正 解 例 |

1　この人は何をしているのかな？
（女の子が）服のボタンのかけ違いを友だちに指摘された。

2　この人は今どんな気持ちかな？
はずかしい……ボタンをかけ違えたことや友だちに指摘されたことに対する気持ち。
焦る……かけ違いをすぐに直さなければという気持ち。

3　この人はなんて言っているかな？
「あっ，ほんとだ！　ずれてる」「教えてくれてありがとう。はずかしいなー」など。

ステップ1　状況の読み取り　　　　難易度★★

①不注意によって，必要な情報を見落としている場合
　例　（ボタンのかけ違いに気づかず）お腹の音を聞かれた，名札を忘れた。

②絵の一部分だけに注目して，全体の状況を読み誤っている場合
　例　しゃべっている，好きな人がいる（赤い顔をしているから）。

　①②いずれの場合も，絵の中の情報について質問し，子どもが注目しなかったものにも注意を向けさせます。

・「誰がいますか？」→女の子２人
・「何をしていますか？」
　ヒント1　左の子は？→右の子の服を指さして，何か話している。
　ヒント2　右の子は？→ブラウスのボタンをかけ違えている。
　　　　　　　　　　　左の子に指さされたところを見ている。
　　　　　　　　　　　赤い顔をして口を開けている。

③必要な情報は読み取っているが，それらを適切に関係づけていない場合
　例　太ったから服がしまらない，服を逆に着ていた，暑いのでボタンを外している。
　１つ１つの情報とその関係性を確認し，わからないときは説明します。
・右の女の子が，ブラウスのボタンをかけ違えている。
・左の女の子が，右の女の子の服を指さして，何か言っている。
・右の女の子が，指さされたところを見て，赤い顔をしている。
　⇒この３つの状況からどんなことがわかりますか？
　　→「左の子が，右の子がブラウスのボタンをかけ違えていることを指摘し，右の子がかけ違いに気づいた。」と正答の確認をします。

ヒント例

- 女の子は何をしているかな？
  →わからないときは，女の子が何を指しているかに注目させる。
- 女の子はどんな表情をしているかな？
- こんな表情をしている女の子はどんな気持ちかな？
- なぜ，そんな気持ちなのかな？
  →わからないときは，女の子のボタンがどうなっているかに注目させ，なぜ，そうなったかを考えさせる。
- これは何？
- どうしてボタンが1つ余っているの？

ステップ2　気持ちの読み取り　　　難易度★★

①人物の気持ちよりも，動作や状態に注目している場合（気持ちを表現する適切な言葉を知らない場合もある）

例　「ボタンがずれてる」

・人物の表情に注目させます。
・表情に合った言葉を選択できるように，表情と気持ちを表す言葉を結びつける練習をさせます（ミニワーク❶〜❺，付録❶）。

②気持ちを表現する適切な言葉を知らない場合（感情表現が未熟，または気持ちをセリフで表現している）

例　「いやな気持ち」「しまった」「ショック」

・気持ちを表す言葉を使わず，セリフで表現している場合は，気持ちとセリフを分けて考えさせ，その上で，この場面と表情に合った言葉を教えます。
・気持ちを表す言葉を教え，その意味を確認させます（ミニワーク❻〜❾，付録❶）。
・場面に合った気持ちの言葉を，選択肢から選ぶ練習をさせます（ミニワーク❿〜⓯）。

③絵の中の人物の気持ちではなく，自分の経験を当てはめたり，自分ならどう思うかを考えている場合（人物の表情とは合わない言葉で表現したり，セリフで表現したりする）

例　「不安」「何とも思わない」

・人物の表情に注目させます。
・絵の中の人物の気持ちを適切な言葉で表現できるように，表情と気持ちを表す言葉を結びつける練習をさせます（ミニワーク❶〜❺，付録❶）。

この人なんて言ってるの?! ワーク⓯

ぬいぐるみの手が取れた

| 正解例 |

1 この人は何をしているのかな？
（女の子が）遊んでいたくまのぬいぐるみの手が取れた。

2 この人は今どんな気持ちかな？
悲しい……ぬいぐるみの手が取れたことに対する気持ち。

3 この人はなんて言っているかな？
「うわぁー，どうしよう」「あー，手が取れちゃったよ」など。

ステップ1　状況の読み取り　　　難易度★★

①不注意によって，必要な情報を見落としている場合

例　（ぬいぐるみの手が取れていることに気づかず）人形をよごした。

絵の中の情報について質問し，子どもが見落としたものに注意を向けさせます。

・「何がありますか？」
　→ぬいぐるみ（手の取れたくま，うさぎ），おもちゃの机といすと食器

・「誰がいますか？」→女の子

・「何をしていますか？」
　→手の取れたくまのぬいぐるみを持っている，ぬいぐるみを見て泣いている。

②必要な情報は読み取っているが，それらを適切に関係づけていない場合

例　人形の手をちぎっている（女の子が泣いている理由はわからない）。

１つ１つの情報とその関係性を確認し，わからないときは説明します。

・女の子が，手にくまのぬいぐるみを持っている。
・くまのぬいぐるみの手が取れている。
・女の子は，ぬいぐるみを見て泣いている。
　⇒この３つの状況からどんなことがわかりますか？
　　→「女の子がぬいぐるみで遊んでいたら，ぬいぐるみの手が取れた。」と正答の確認をします。

ステップ2　気持ちの読み取り　　難易度★★

①人物の気持ちよりも，動作や状態に注目している場合（気持ちを表現する適切な言葉を知らない場合もある）

　例　「泣いている」

・人物の表情に注目させます。
・表情に合った言葉を選択できるように，表情と気持ちを表す言葉を結びつける練習をさせます（ミニワーク❶～❺，付録❶）。

②気持ちを表現する適切な言葉を知らない場合（感情表現が未熟，または気持ちをセリフで表現している）

　例　「いやな気持ち」「どうしよう」「ショック」

・気持ちを表す言葉を使わず，セリフで表現している場合は，気持ちとセリフを分けて考えさせ，その上で，この場面と表情に合った言葉を教えます。
・気持ちを表す言葉を教え，その意味を確認させます（ミニワーク❻～❾，付録❶）。
・場面に合った気持ちの言葉を，選択肢から選ぶ練習をさせます（ミニワーク❿～⓯）。

③絵の中の人物の気持ちではなく，自分の経験を当てはめたり，自分ならどう思うかを考えている場合（人物の表情とは合わない言葉で表現したり，セリフで表現したりする）

　例　「困る」

・人物の表情に注目させます。
・絵の中の人物の気持ちを適切な言葉で表現できるように，表情と気持ちを表す言葉を結びつける練習をさせます（ミニワーク❶～❺，付録❶）。

解説 この人なんて言ってるの?! ワーク❶⓰

遊園地で迷子になった

正解例

1　この人は何をしているのかな？
（女の子が）遊園地で迷子になった。
2　この人は今どんな気持ちかな？
不安・焦る・困る・悲しい・怖い・さびしい……迷子になったことに対する気持ち。
3　この人はなんて言っているかな？
「お父さん，お母さん，どこにいるの」「どうしよう，迷子になっちゃった」など。

ステップ1　状況の読み取り　　　難易度★★

①絵の一部分だけに注目して，全体の状況を読み誤っている場合

　例　道に迷った。

　絵の中の情報について質問し，子どもが注目しなかったものにも注意を向けさせます。

・「何がありますか？」→観覧車，ジェットコースター，花壇
・「誰がいますか？」→女の子，大人と一緒にいる男の子や女の子
・「何をしていますか？」
　ヒント1　周りの子どもたちは？→大人と一緒にいて，楽しそうに笑っている。
　ヒント2　女の子は？→一人で不安そうな顔でキョロキョロしながら歩いている。

②必要な情報は読み取っているが，それらを適切に関係づけていない場合

　例　遊園地には一人で来ていて道に迷った。
　　　何で私だけ一人なんだろうと不思議に思っている。

　1つ1つの情報とその関係性を確認し，わからないときは説明します。

・観覧車とジェットコースターがある。
　⇒この状況からどんなことがわかりますか？
　　→「ここは遊園地である。」と正答の確認をします。
・女の子が一人でいる。
・女の子は不安そうな顔をして，キョロキョロ周りを見ながら歩いている。
　⇒この2つの状況からどんなことがわかりますか？
　　→「女の子は迷子になっていて，一緒に来た人を探している。」と正答の確認をします。

- 女の子は誰と一緒にいるかな？
- 女の子はどんな表情をしているかな？
- こんな表情をしている女の子はどんな気持ちかな？
- なぜ，そんな気持ちなのかな？
  → わからないときは，「○○さんは，遊園地に一人で行く？それとも誰かと一緒に行く？」と質問し，女の子が誰か大人の人と一緒に来たという前提を確認する。

- これは何？
- これがあるということは，ここはどこ？

- 他の子どもたちは誰と一緒にいるかな？
- こんな表情をしている子はどんな気持ちかな？

ステップ2　気持ちの読み取り　　難易度★★

①人物の気持ちよりも，動作や状態に注目している場合（気持ちを表現する適切な言葉を知らない場合もある）

　例　「泣いている」「探している」

・人物の表情に注目させます。
・表情に合った言葉を選択できるように，表情と気持ちを表す言葉を結びつける練習をさせます（ミニワーク❶〜❺，付録❶）。

②絵の中の人物の気持ちではなく，自分の経験を当てはめたり，自分ならどう思うかを考えている場合（人物の表情とは合わない言葉で表現したり，セリフで表現したりする）

　例　「どこ行ったんだろう」「大変！」

・人物の表情に注目させます。
・絵の中の人物の気持ちを適切な言葉で表現できるように，表情と気持ちを表す言葉を結びつける練習をさせます（ミニワーク❶〜❺，付録❶）。

解説 この人なんて言ってるの?! ワーク❶

テストで何も書けない

> **┤ 正 解 例 ├**
>
> 1　この人は何をしているのかな？
> （男の子が）テストを受けているが何も書けない。
> 2　この人は今どんな気持ちかな？
> 困る・あせる……問題を解けないことに対する気持ち。
> 3　この人はなんて言っているかな？
> 「この問題わからないよ，どうしよう」「むずかしいなー」など。

　ステップ１　状況の読み取り　　　　　難易度★★

①絵の一部分だけに注目して，全体の状況を読み誤っている場合

　例　（プリントの上の枠を文鎮と考え）習字をして，うまく書けないなと思っている。

　絵の中の情報について質問し，子どもが注目しなかったものにも注意を向けさせます。
- 「何がありますか？」→プリント，鉛筆，消しゴム，筆箱
- 「何をしていますか？」「この子はどんな様子かな？」
　ヒント１　プリントは？→テストを受けているが，何も書けていない。
　ヒント２　男の子は？→汗をかいて，口をゆがめ，首をかしげている。

②必要な情報は読み取っているが，それらを適切に関係づけていない場合

　例　テスト中に歯がジクジクしている。

　１つ１つの情報とその関係性を確認し，わからないときは説明します。
- ３人とも真剣な顔をしている。
- プリントだけで教科書などがない。
- 男の子はプリントに何も書いていない。
　⇒この３つの状況からどんなことがわかりますか？
　　→「テストを受けているが，男の子は何も書けていない。」と正答の確認をします。

> 　この絵では，男の子が指を頬に当てています。頬に指や手を当てるというしぐさは，困ったときや考えごとをしているときによくするものですが，子どもたちの中には，このしぐさの意味がわからずに，歯が痛いから指を当てていると考える子もいます。必要に応じてしぐさの意味も確認しておきましょう。

> ステップ2　気持ちの読み取り　　難易度★★★

①人物の気持ちよりも，動作や状態に注目している場合（気持ちを表現する適切な言葉を知らない場合もある）

　例 「考えている」「首をかしげている」

・人物の表情に注目させます。
・表情に合った言葉を選択できるように，表情と気持ちを表す言葉を結びつける練習をさせます（ミニワーク❶〜❺，付録❶）。

②気持ちを表現する適切な言葉を知らない場合（感情表現が未熟，または気持ちをセリフで表現している）

　例 「いやな気持ち」「悲しい」「どうしよう」

・気持ちを表す言葉を使わず，セリフで表現している場合は，気持ちとセリフを分けて考えさせ，その上で，この場面と表情に合った言葉を教えます。
・気持ちを表す言葉を教え，その意味を確認させます（ミニワーク❻〜❾，付録❶）。
・場面に合った気持ちの言葉を，選択肢から選ぶ練習をさせます（ミニワーク❿〜⓯）。

③絵の中の人物の気持ちではなく，自分の経験を当てはめたり，自分ならどう思うかを考えている場合（人物の表情とは合わない言葉で表現したり，セリフで表現したりする）

　例 「悔しい」「これ，わからないから考えよう」

・人物の表情に注目させます。
・絵の中の人物の気持ちを適切な言葉で表現できるように，表情と気持ちを表す言葉を結びつける練習をさせます（ミニワーク❶〜❺，付録❶）。

この人なんて言ってるの?! ワーク⓲

給食で隣の席の子がおかずをこぼした

| 正 解 例 |

1　この人は何をしているのかな？
　隣の男の子がこぼした給食のおかずが，服にかかった。

2　この人は今どんな気持ちかな？
　驚く・びっくりする……こぼれたおかずが自分にかかったことに対する気持ち。
　困る……服が汚れたことに対する気持ち。

3　この人はなんて言っているかな？
　「どうしよう」「あー，服がよごれちゃった」など。

ステップ1　状況の読み取り　　　　　難易度★★

①不注意によって，必要な情報を見落としている場合

　例　（給食がまずいので）残したら先生に怒られる。

　絵の中の情報について質問し，子どもが見落としたものにも注意を向けさせます。

・「何がありますか？」→机，給食（お盆，パン皿とパン，おかずの食器），牛乳，スプーン
・「誰がいますか？」→女の子，男の子
・「何をしていますか？」
　ヒント1　男の子は？→左肘がおかずの食器に当たっている。
　　　　　　　　　　　はっとした顔で女の子の服を見ている。
　ヒント2　女の子は？→驚いた顔で，おかずで汚れた服を見ている。

②必要な情報は読み取っているが，それらを適切に関係づけていない場合

　例　自分が給食のおかずをこぼして服を汚した。

　1つ1つの情報とその関係性を確認し，わからないときは説明します。

・机の上に給食のお盆が置いてある。
　⇒この状況からどんなことがわかりますか？
　　→「今は給食の時間である。」と正答の確認をします。
・男の子の肘におかずの食器が当たり，中身が飛び出している。
・女の子の服がおかずで汚れている。
　⇒この2つの状況からどんなことがわかりますか？
　　→「男の子のおかずの食器に男の子の肘が当たり，中身が女の子の服にかかった。」と正答の確認をします。

ヒント例

- 男の子はどんな表情をしているかな？
- こんな表情をしている男の子は，どんな気持ちかな？
- なぜ，そんな気持ちなのかな？
  → わからないときは，男の子の左肘に注目させ，何が起こったかを考えさせる。

- これは何？
- これは誰の？
- どうなっている？
- どうしてこうなったの？

- 女の子はどんな表情をしているかな？
- こんな表情をしている女の子はどんな気持ちかな？
- なぜ，そんな気持ちなのかな？
  → わからないときは，女の子の服の汚れに注目させ，なぜ，汚れているのかを考えさせる。

- これは何？
- これがあるということは，今は何の時間？

ステップ2　気持ちの読み取り　　　　難易度★★★

①人物の気持ちよりも，動作や状態に注目している場合（気持ちを表現する適切な言葉を知らない場合もある）

　例「服についた」「汚い」

・人物の表情に注目させます。

・表情に合った言葉を選択できるように，表情と気持ちを表す語彙を結びつける練習をさせます（ミニワーク❶〜❺，付録❶）。

②気持ちを表現する適切な言葉を知らない場合（感情表現が未熟，または気持ちをセリフで表現している）

　例「いやな気持ち」「最悪」「ショック」

・気持ちを表す言葉を使わず，セリフで表現している場合は，気持ちとセリフを分けて考えさせ，その上で，この場面と表情に合った言葉を教えます。

・気持ちを表す言葉を教え，その意味を確認させます（ミニワーク❻〜❾，付録❶）。

・場面に合った気持ちの言葉を，選択肢から選ぶ練習をさせます（ミニワーク❿〜⓯）。

③絵の中の人物の気持ちではなく，自分の経験を当てはめたり，自分ならどう思うかを考えている場合（人物の表情とは合わない言葉で表現したり，セリフで表現したりする）

　例「悔しい」「抗議したい」「あやまれ，アホ」「どこみてんだよ」

・人物の表情に注目させます。

・絵の中の人物の気持ちを適切な言葉で表現できるように，表情と気持ちを表す言葉を結びつける練習をさせます（ミニワーク❶〜❺，付録❶）

解説　この人なんて言ってるの?! ワーク⓳

泣いている子がいる

┤正解例├

1　この人は何をしているのかな？
（女の子が）泣いている男の子を見ている。
2　この人は今どんな気持ちかな？
心配・かわいそう……泣いている子を気遣う気持ち。
困る……泣いている子がいる状況に対する気持ち。
3　この人はなんて言っているかな？
「だいじょうぶ？」「どうしたの？保健室に行こうか」など。

◯ステップ1　状況の読み取り　　　　　難易度★★

①絵の一部分だけに注目して，全体の状況を読み誤っている場合（女の子の少し困った表情から，自分が男の子を泣かせたと考える）

　　例　けがをさせた，泣かせた，（自分が）ぶつかった，（ひどいことを言って）友だちを傷つけて泣かせた。

絵の中の情報について質問し，子どもが注目しなかったものにも注意を向けさせます。
・「誰がいますか？」→女の子と男の子
・「何をしていますか？」
　　ヒント1　男の子は？→座って膝を押さえて泣いている。
　　ヒント2　女の子は？→泣いている子のそばに立っている。
　　　　　　　　　　　　心配そうな顔で，泣いている子を見ている。

②必要な情報は読み取っているが，それらを適切に関係づけていない場合
　1つ1つの情報とその関係性を確認し，わからないときは説明します。
・男の子は，膝を押さえて泣いている。
　⇒この状況からどんなことがわかりますか？
　　→「男の子は，足が痛くて泣いている。」と正答の確認をします。
・女の子は，心配そうな顔で泣いている子を見ている。
　⇒この状況からどんなことがわかりますか？
　　→「女の子は，泣いている子のことが気になって見ている。」と正答の確認をします。

┤ヒント例├

- 女の子は何をしている？
- 女の子はどんな表情をしている？
- こんな表情をしている女の子はどんな気持ちかな？
  →わからないときは，泣いている人を見たらどんな気持ちになるか，自分の経験を思い出して推測させる。

- 男の子は何をしている？
- どうしてこうなったのかな？
  →わからないときは，どんなときにこうなるか，自分の経験から推測させる。
- 男の子はどんな表情をしている？
- こんな表情をしている男の子はどんな気持ちかな？

ステップ2　気持ちの読み取り　　　　難易度★★

①気持ちを表現する適切な言葉を知らない場合（感情表現が未熟，または気持ちをセリフで表現している）

　例　「どうしよう」「だいじょうぶかな」「不安」

・気持ちを表す言葉を使わず，セリフで表現している場合は，気持ちとセリフを分けて考えさせ，その上で，この場面と表情に合った言葉を教えます。
・気持ちを表す言葉を教え，その意味を確認させます（ミニワーク❻〜❾，付録❶）。
・場面に合った気持ちの言葉を，選択肢から選ぶ練習をさせます（ミニワーク❿〜⓯）。

②絵の中の人物の気持ちではなく，自分の経験を当てはめたり，自分ならどう思うかを考えている場合（人物の表情とは合わない言葉で表現したり，セリフで表現したりする）

　例　「悲しい」「迷う」

・人物の表情に注目させます。
・絵の中の人物の気持ちを適切な言葉で表現できるように，表情と気持ちを表す言葉を結びつける練習をさせます（ミニワーク❶〜❺，付録❶）。

解説 　この人なんて言ってるの?!ワーク❷⓪

習字で隣の席の子の顔に墨がついていた

> ┤ 正 解 例 ├
> 1　この人は何をしているのかな？
> （女の子が）習字の時間に，顔に墨がついた隣の席の男の子を見ている。
> 2　この人は今どんな気持ちかな？
> おもしろい・おかしい……墨がついた顔を見て，おもしろく思う気持ち。
> 3　この人はなんて言っているかな？
> 「顔に墨がついてるよ」など。

ステップ１　状況の読み取り　　　難易度★★

①不注意によって，必要な情報を見落としている場合

　例　習字の勉強でうれしい，隣の男の子は習字が下手だと考えている。

②絵の一部分だけに注目して，全体の状況を読み誤っている場合

　例　墨のつけすぎを注意している，（私に）墨をかけないでと言っている。

　①②いずれの場合も，絵の中の情報について質問し，子どもが注目しなかったものにも注意を向けさせます。

・「何がありますか？」→机，習字道具（下敷き，文鎮，半紙，硯，筆）
・「誰がいますか？」→女の子２人，男の子１人
・「何をしていますか？」
　ヒント１　男の子は？→手に筆を持っている，顔に墨がついている，不思議そうな顔で隣の席の女の子を見ている。
　ヒント２　女の子は？→手に筆を持ち，隣の席の男の子の顔を見て，少し笑っている。

③必要な情報は読み取っているが，それらを適切に関係づけていない場合

　例　女の子が男の子に墨をつけた（墨が隣の子に飛んでしまった）。

　１つ１つの情報とその関係性を確認し，わからないときは説明します。

・机の上に習字道具が置いてある
　⇒この状況からどんなことがわかりますか？
　　→「今は習字の時間である。」と正答の確認をします。
・女の子が，隣の席の男の子の顔を見て笑っている。
・男の子の顔に墨がついていて，男の子は不思議そうな顔で女の子を見ている。
　⇒この２つの状況からどんなことがわかりますか？
　　→「男の子の顔に墨がついているが，自分では気づいていない。隣の席の女の子が気づいて，男の子の顔を見て笑っている。」と正答の確認をします。

> ステップ2　気持ちの読み取り　　難易度★★★

①人物の気持ちよりも，動作や状態に注目している場合（気持ちを表現する適切な言葉を知らない場合もある）

　例　「笑っている」「墨がついている」

・人物の表情に注目させます。
・表情に合った言葉を選択できるように，表情と気持ちを表す言葉を結びつける練習をさせます（ミニワーク❶～❺，付録❶）。

②気持ちを表現する適切な言葉を知らない場合（感情表現が未熟，または気持ちをセリフで表現している）

　例　「いやな気持ち」「困る」「うわ，墨ついてる」「まったくもう」

・気持ちを表す言葉を使わず，セリフで表現している場合は，気持ちとセリフを分けて考えさせ，その上で，この場面と表情に合った言葉を教えます。
・気持ちを表す言葉を教え，その意味を確認させます（ミニワーク❻～❾，付録❶）。
・場面に合った気持ちの言葉を，選択肢から選ぶ練習をさせます（ミニワーク❿～⓯）。

③絵の中の人物の気持ちではなく，自分の経験を当てはめたり，自分ならどう思うかを考えている場合（人物の表情とは合わない言葉で表現したり，セリフで表現したりする）

　例　「悲しい」「恥ずかしい」「心配」「（私は）きれいに書きたい」

・人物の表情に注目させます。
・絵の中の人物の気持ちを適切な言葉で表現できるように，表情と気持ちを表す言葉を結びつける練習をさせます（ミニワーク❶～❺，付録❶）。

解説　この人なんて言ってるの?! ワーク㉑

隣の席の子から消しゴムを手渡された

正解例

1　この人は何をしているのかな？
（女の子が）隣の席の男の子から消しゴムを手渡してもらった。

2　この人は今どんな気持ちかな？
うれしい，喜んでいる，感謝している，ありがたい気持ち
　　……消しゴムを拾ってくれた，または貸してくれたことに対する気持ち。

3　この人はなんて言っているかな？
「ありがとう」など。

ステップ1　状況の読み取り　　　　難易度★★

①不注意によって，必要な情報を見落としている場合
　例　（男の子の机に消しゴムがあるのに）女の子が男の子に消しゴムを渡している。

②絵の一部分だけに注目して，全体の状況を読み誤っている場合
　例　握手をしている，（席替えして）隣になった。

　①②いずれの場合も，絵の中の情報について質問し，子どもが注目しなかったものにも注意を向けさせます。

・「何がありますか？」→机，いす，ノート，筆箱，鉛筆，消しゴム
・「誰がいますか？」→女の子，男の子
・「何をしていますか？」
　ヒント1　女の子は？→男の子の方に手を伸ばしている。
　ヒント2　男の子は？→女の子の方に消しゴムをのせた手を伸ばしている。

③必要な情報は読み取っているが，それらを適切に関係づけていない場合
　1つ1つの情報とその関係性を確認し，わからないときは説明します。
・女の子の机にはノート，筆箱，鉛筆があり，消しゴムがない。
・男の子の机にはノート，筆箱，鉛筆，消しゴムがある。
・男の子の手の中には消しゴムがある。
　⇒この3つの状況からどんなことがわかりますか？
　　→「男の子が女の子の消しゴムを拾って渡している（または女の子に消しゴムを貸している）。」と正答の確認をします。

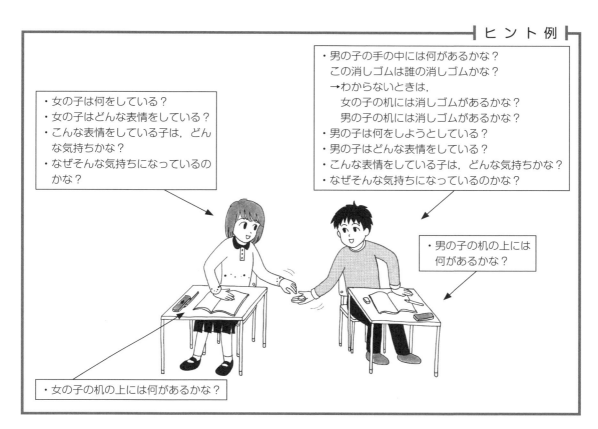

ステップ2　気持ちの読み取り　　難易度★

◎気持ちを表現する適切な言葉を知らない場合（感情表現が未熟，または気持ちをセリフで表現している）

　例　「いい気持ち」「やさしい気持ち」「やったー」「よかった」

・気持ちを表す言葉を使わず，セリフで表現している場合は，気持ちとセリフを分けて考えさせ，その上で，この場面と表情に合った言葉を教えます。
・気持ちを表す言葉を教え，その意味を確認させます（ミニワーク❻〜❾，付録❶）。
・場面に合った気持ちの言葉を，選択肢から選ぶ練習をさせます（ミニワーク❿〜⓯）。

解説 この人なんて言ってるの?! ワーク❷

飼っていた鳥がいなくなった

┤ 正 解 例 ├

1　この人は何をしているのかな？

飼っていた鳥が逃げて，（女の子が）窓の外を見ている。

2　この人は今どんな気持ちかな？

悲しい，さびしい……鳥がいなくなったことに対する気持ち。

心配，不安……いなくなった鳥の無事を案じる気持ち。

困る……予想外の出来事に困惑する気持ち。

3　この人はなんて言っているかな？

「どこに行ったんだろう，心配だな」「小鳥がいなくなっちゃった，どうしよう」など。

ステップ1　状況の読み取り　　　　難易度★★

①絵の一部分だけに注目して，全体の状況を読み誤っている場合

　例　（窓ガラスの線から）雨がやんでほしい，（カーテンの揺れから）台風が来るか心配。

　絵の中の情報について質問し，子どもが注目しなかったものにも注意を向けさせます。

・「何がありますか？」→鳥かご，鳥の羽，窓，カーテン

・「誰がいますか？」→女の子

・「どうなっていますか？」「何をしていますか？」

　ヒント1　鳥かごは？→入口が開いている，中の鳥がいない。

　ヒント2　窓は？→開いている。

　ヒント3　女の子は？→窓の方を見ている，心配そうな顔をしている。

②必要な情報は読み取っているが，それらを適切に関係づけていない場合

　例　（鳥かごの戸や窓が開いていることには気づいているが）鳥が死んだ。

　1つ1つの情報とその関係性を確認し，わからないときは説明します。

・鳥かごの周りに鳥の羽が落ちている。

・鳥かごの戸が開いていて，中に鳥がいない。

　⇒この2つの状況からどんなことがわかりますか？

　　→「鳥かごの中にいた鳥が，開いている戸から逃げた。」と正答の確認をします。

・鳥かごから出た鳥の姿が絵の中にない。　　・窓が開いている。

・女の子が心配そうな顔で，窓の方を見上げている。

　⇒この3つの状況からどんなことがわかりますか？

　　→「鳥かごから出た鳥は，開いている窓から外へ出て行った。」と正答の確認をします。

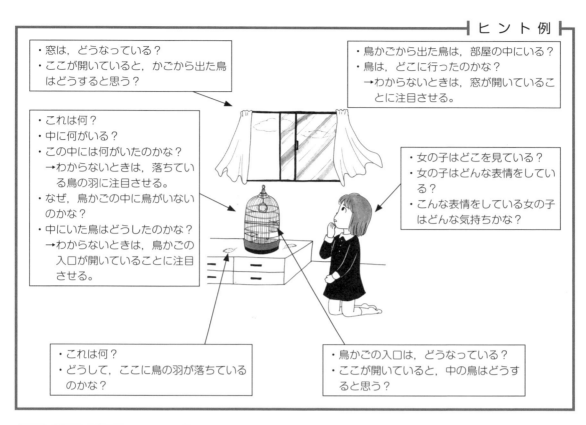

> ステップ2　気持ちの読み取り　　難易度★★

①絵の中の人物の気持ちではなく，自分の経験を当てはめたり，自分ならどう思うかを考えている場合（人物の表情とは合わない言葉で表現したり，セリフで表現したりする）

　例　「悔しい」「最低」

・人物の表情に注目させます。
・絵の中の人物の気持ちを適切な言葉で表現できるように，表情と気持ちを表す言葉を結びつける練習をさせます（ミニワーク❶～❺，付録❶）。

②気持ちを表現する適切な言葉を知らない場合（感情表現が未熟，または気持ちをセリフで表現している）

・気持ちを表す言葉を使わず，セリフで表現している場合は，気持ちとセリフを分けて考えさせ，その上で，この場面と表情に合った言葉を教えます。
・気持ちを表す言葉を教え，その意味を確認させます（ミニワーク❻～❾，付録❶）。
・場面に合った気持ちの言葉を，選択肢から選ぶ練習をさせます（ミニワーク❿～⓯）。

解説

この人なんて言ってるの⁈ ワーク㉓

給食で列に並んでいたら割り込まれた

> ┤ 正 解 例 ├
> 1　この人は何をしているのかな？
> （女の子が）給食の列に並んでいたら，男の子に割り込まれた。
> 2　この人は今どんな気持ちかな？
> 腹が立つ・怒る・イライラ・困る・迷惑……列に割り込まれたことに対する気持ち。
> 3　この人はなんて言っているかな？
> 「順番抜かししないでよ」「割り込まないで。ちゃんと並んで」など。

　ステップ1　状況の読み取り　　　　　難易度★★

①不注意によって必要な情報を見落としている場合
　　例　給食の順番を待っていて早くしてほしいと思っている，男の子がおかずをいっぱいにしている，男の子の肘がぶつかっている。
　絵の中の情報について質問し，子どもが見落としたものに注意を向けさせます。
・「何がありますか？」→机，給食のおかずの食缶，おたま，子どもたちが持った給食
・「誰がいますか？」→女の子，男の子，他に子ども2人，給食当番の子
・「何をしていますか？」
　　ヒント1　男の子は？→手に給食が乗ったお盆を持っている。
　　　　　　　　　　　　おかずを待つ列の先頭に横から入っている。
　　ヒント2　女の子は？→手に給食が乗ったお盆を持っている。
　　　　　　　　　　　　男の子を見て，ムッとした顔で何か言っている。
　　ヒント3　給食当番は？→おかずの食缶の前に立ち，手におたまを持っている。
　　　　　　　　　　　　　驚いた顔をして男の子を見ている。

②必要な情報は読み取っているが，それらを適切に関係づけていない場合
　1つ1つの情報とその関係性を確認し，わからないときは説明します。
・子どもたちは手に給食が乗ったお盆を持ち，食缶が置かれた机の前に一列に並んでいる。
　⇒この状況からどんなことがわかりますか？
　　　→「給食の時間で，子どもたちはおかずをもらうために並んでいる。」と正答の確認をします。
・男の子は，列の先頭に横から入ってきた。
・後ろの女の子が，男の子を見てムッとした顔で何か言っている。
　⇒この2つの状況からどんなことがわかりますか？
　　　→「男の子は，おかずを待つ列の先頭に割り込んだ。」と正答の確認をします。

100

<u>ステップ2　気持ちの読み取り</u>　　　難易度★★★

①人物の気持ちよりも，動作や状態に注目している場合（気持ちを表現する適切な言葉を知らない場合もある）

　例　「順番抜かされた」「割り込み」

・人物の表情に注目させます。
・表情に合った言葉を選択できるように，表情と気持ちを表す言葉を結びつける練習をさせます（ミニワーク❶〜❺，付録❶）。

②気持ちを表現する適切な言葉を知らない場合（感情表現が未熟，または気持ちをセリフで表現している）

　例　「いやな気持ち」「順番抜かししないでよ」「どいて」「やめてよ」

・気持ちを表す言葉を使わず，セリフで表現している場合は，気持ちとセリフを分けて考えさせ，その上で，この場面と表情に合った言葉を教えます。
・気持ちを表す言葉を教え，その意味を確認させます（ミニワーク❻〜❾，付録❶）。
・場面に合った気持ちの言葉を，選択肢から選ぶ練習をさせます（ミニワーク❿〜⓯）。

③絵の中の人物の気持ちではなく，自分の経験を当てはめたり，自分ならどう思うかを考えている場合（人物の表情とは合わない言葉で表現したり，セリフで表現したりする）

　例　「悲しい」「悔しい」

・人物の表情に注目させます。
・絵の中の人物の気持ちを適切な言葉で表現できるように，表情と気持ちを表す言葉を結びつける練習をさせます（ミニワーク❶〜❺，付録❶）。

解説　この人なんて言ってるの?! ワーク❷

割れた植木鉢を見つけた

| 正 解 例 |

1　この人は何をしているのかな？
（女の人，お母さんなどが）割れた植木鉢を見つけた。

2　この人は今どんな気持ちかな？
驚く・びっくりする・ショック・悲しい・困る……割れた植木鉢を見たときの気持ち。

3　この人はなんて言っているかな？
「まぁ！誰がやったのかしら？」「何で割れてるの？」「大事にしてたのにー」など。

ステップ1　状況の読み取り　　　難易度★★★

①不注意によって，必要な情報を見落としている場合

　例　（ボールに気づかず）女の人が自分で落として割った。

　絵の中の情報について質問し，子どもが見落としたものに注意を向けさせます。

・「何がありますか？」→割れた植木鉢，植木鉢が乗った台，野球ボール
・「誰がいますか？」→女の人（お母さん）
・「ここはどこですか？」→家の外
・「何をしていますか？」

　　ヒント　女の人（お母さん）は？→ほおを押さえて立っている。
　　　　　　　　　　　　　　　　　割れた植木鉢を見ている。

②必要な情報は読み取っているが，それらを適切に関係づけていない場合（ボールに気づいているが，植木鉢にボールが当たって割れたとは考えない）

　1つ1つの情報とその関係性を確認し，わからないときは説明します。

・女の人がほおを押さえて立っている。
・女の人が割れた植木鉢を見ている。
・割れた植木鉢のそばに野球ボールが転がっている。
　⇒この3つの状況からどんなことがわかりますか？
　　→「ボールが当たって割れた植木鉢を見て，女の人がほおを押さえている。」と正答の確認をします。

　この絵では，女の人がほおを押さえるしぐさをしています。驚いたとき，困ったときにこのようなしぐさをすることがあることを，必要に応じて確認しておきましょう。

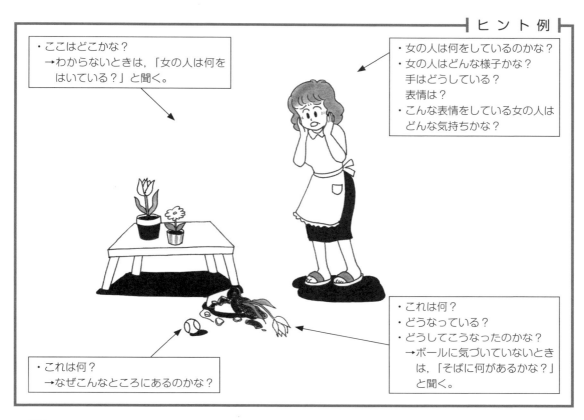

ステップ2　気持ちの読み取り　　　難易度★★

◎気持ちを表現する適切な言葉を知らない場合（感情表現が未熟，または気持ちをセリフで表現している）

　例　「いやな気持ち」

・気持ちを表す言葉を使わず，セリフで表現している場合は，気持ちとセリフを分けて考えさせ，その上で，この場面と表情に合った言葉を教えます。

・気持ちを表す言葉を教え，その意味を確認させます（ミニワーク❻〜❾，付録❶）。

・場面に合った気持ちの言葉を，選択肢から選ぶ練習をさせます（ミニワーク❿〜⓯）。

解説　この人なんて言ってるの?! ワーク㉕

拍手されている子を見ている

┤ 正 解 例 ├

1　この人は何をしているのかな？
（女の子が）みんなに拍手されて先生（男の人）から表彰状（紙）を受け取る人を見ている。

2　この人は今どんな気持ちかな？
うらやましい……何かをもらっていることに対する気持ち。

3　この人はなんて言っているかな？
「いいなー」「賞状もらってうらやましいな」など。

ステップ1　状況の読み取り　　　　難易度★★★

①不注意によって，必要な情報を見落としている場合

　例　手をつないで「なべなべ（そこぬけ）」をしている。

②絵の一部分だけに注目して，全体の状況を読み誤っている場合

　例　手紙をもらっている，サインをもらっている。

　①②いずれの場合も，絵の中の情報について質問し，子どもが注目しなかったものにも注意を向けさせます。

・「何がありますか？」→表彰状（卒業証書，通知表）
・「誰がいますか？」→先生（男の人），先生（男の人）の前にいる女の子，見ている女の子，拍手している子どもたち
・「何をしていますか？」
　ヒント1　先生（男の人）は？→何かを女の子に手渡している。
　ヒント2　先生（男の人）の前にいる女の子は？→何かを手渡されている。
　ヒント3　女の子は？→手渡されているところを見ている。
　ヒント4　周りの子どもたちは？→手渡されているところを見て拍手している。

③必要な情報は読み取っているが，それらを適切に関係づけていない場合

　1つ1つの情報とその関係性を確認し，わからないときは説明します。

・先生と向かい合った女の子は，先生（男の人）から何かを手渡されている。
・女の子はそれを見ている。
・周りの子どもたちはそれを見て拍手している。
　⇒この3つの状況からどんなことがわかりますか？
　　→「女の子が先生（男の人）から何かいいもの（表彰状など）を手渡されているのを他の子どもが見ている。」と正答の確認をします。

ヒント例

- 女の子は何をしている？
  →わからないときは、手に注目させる。

- 先生（男の人）は何をしている？
  →わからないときは、手に注目させる。

- 女の子は何をしている？
- 女の子はどんな表情をしている？
- こんな表情をしている女の子はどんな気持ちかな？
- なぜ、そんな気持ちかな？
  →わからないときは、「友だちが表彰されているのを見たら、あなたはどんな気持ちになる？」と聞いて、自分ならどう思うかを考えさせる。

- 周りの男の子と女の子は何をしている？
  →わからないときは、手はどうしている？
- なぜ拍手しているのかな？
  →わからないときは、どんなときに拍手するかを考えさせる。

ステップ2　気持ちの読み取り　　　　難易度★★★

①気持ちを表現する適切な言葉を知らない場合（感情表現が未熟、または気持ちをセリフで表現している）

例　「いいな」

- 気持ちを表す言葉を使わず、セリフで表現している場合は、気持ちとセリフを分けて考えさせ、その上で、この場面と表情に合った言葉を教えます。
- 気持ちを表す言葉を教え、その意味を確認させます（ミニワーク❻〜❾、付録❶）。
- 場面に合った気持ちの言葉を、選択肢から選ぶ練習をさせます（ミニワーク❿〜⓯）。

②絵の中の人物の気持ちではなく、自分の経験を当てはめたり、自分ならどう思うかを考えている場合（人物の表情とは合わない言葉で表現したり、セリフで表現したりする）

例　「悔しい」

- 人物の表情に注目させます。
- 絵の中の人物の気持ちを適切な言葉で表現できるように、表情と気持ちを表す言葉を結びつける練習をさせます（ミニワーク❶〜❺、付録❶）。

解説 気持ち理解のためのミニワーク❶

「気持ち」理解のための指導の流れ

「気持ち」という目に見えないものを理解するために，まずは目に見える表情に注目し，「気持ち」と「表情」には関係がある，ということに気づかせることから始めます。

ミニワーク❶～❺の学習で，喜び（うれしい）・悲しみ（悲しい）・怒り（腹が立つ）・恐怖（こわい）・驚き（驚く・びっくりする）という基本的な感情（気持ち）とそれを表す表情をマッチングさせながら，「気持ち」がどのように「表情」に表れるかに気づかせます。さらにミニワーク❻～❻の学習を通して，自分の「気持ち」や他者の「気持ち」を言葉で表現することにつなげていきます。

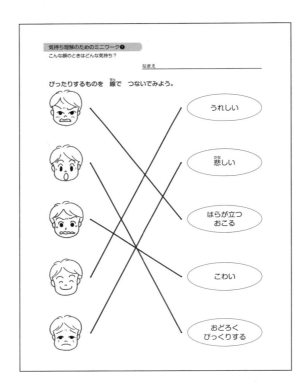

イラストの表情ではピンとこない場合は，指導者が実際にそれぞれの表情をして見せてもよいでしょう。また，言葉をイメージしにくい場合は，指導者がそれぞれの気持ちになる状況（例「ほしかったおもちゃを買ってもらってうれしい」）を具体的に話して，そのときの表情をして見せたり，子どもにその表情をさせて鏡で見せたりして，選択肢から近いものを選ばせることもできます。

気持ち理解のためのミニワーク❷〜❺ 解説

気持ち理解のためのミニワーク❷
こんな気持ちのときはどんな顔？「うれしい」
なまえ _____

★うれしい顔を かいてみよう。

★どんなときに きみは うれしい？
例）おかあさんに ほめられたとき。

| 友だちと 仲よく遊んだとき |
| ほしかったおもちゃを買ってもらったとき |
| 給食にすきなおかずが出たとき　など |

気持ち理解のためのミニワーク❸
こんな気持ちのときはどんな顔？「悲しい」
なまえ _____

★悲しい顔を かいてみよう。

★どんなときに きみは 悲しい？
例）かっていた ハムスターが 死んだとき。

| 先生に おこられたとき |
| 友だちと けんかをしたとき |
| ころんで けがをしたとき　など |

気持ち理解のためのミニワーク❹
こんな気持ちのときはどんな顔？「はらが立つ」
なまえ _____

★はらが立った顔を かいてみよう。

★どんなときに きみは はらが立つ？
例）悪口を 言われたとき。

| お母さんがゲームをさせてくれないとき |
| 宿題が多すぎて遊ぶ時間がないとき |
| 友だちに 悪口を言われたとき　など |

気持ち理解のためのミニワーク❺
こんな気持ちのときはどんな顔？「おどろく」
なまえ _____

★おどろいた（びっくりした）顔を かいてみよう。

★どんなときに きみは おどろく（びっくりする）？
例）となりの家の犬に ほえられたとき。

| 人に ぶつかりそうになったとき |
| 宝くじが 当たったとき |
| 急に 大きな音が したとき　など |

　上手に表情が作れない子どもには，指導者の顔を見て描かせたり，眉や目，口のパーツを用意しておいてその中から選んで置かせたりする方法もあります。表情を描いたりパーツを選んだりした後に，「目の端が下がっているね」「口の端はどうなっているかな？」など指導者と一緒に表情の特徴を確認しましょう。

解説 気持ち理解のためのミニワーク❻〜❾

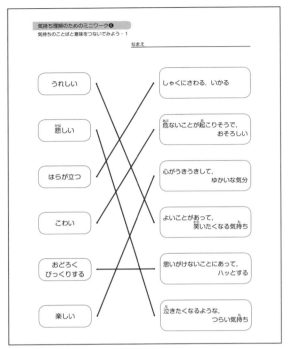
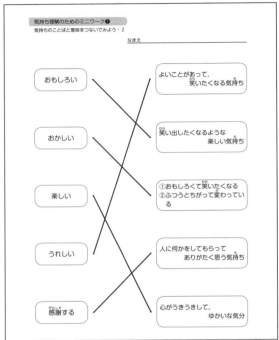
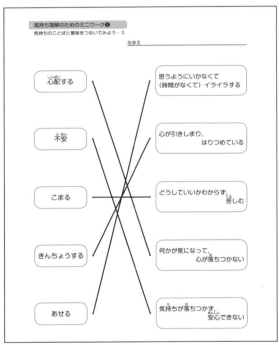
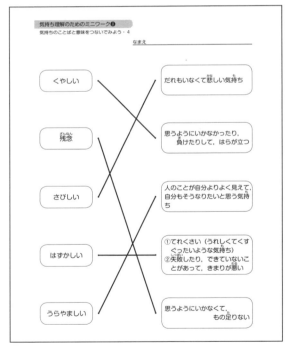

言葉の意味を説明する文を理解しにくい場合は、「例えば、こんなとき……」と一人ひとりの子どもにとって身近な例を出して、理解を促しましょう。

気持ち理解のためのミニワーク❿〜⓬　解説

気持ち理解のためのミニワーク❿
こんなときどんな気持ち？・1

なまえ＿＿＿＿＿＿＿＿＿＿

こんなことがあったら、あなたなら どんな気持ちになるかな？
下の□の中からピッタリ合うことばをえらんで、（ ）に書いてみよう。

① トイレで ならんでいたら、わりこまれて、どんどん順番をぬかされた。
　こんなときは、とても（ **はらが立つ・悲しい** ）。

② 大事にしていた おもちゃを、うっかり落として こわしてしまった。
　こんなときは、とても（ **悲しい** ）。

③ 夜中に目がさめた。だれも いないはずの となりの部屋から、だれかが 歩いている音がする。
　こんなときは、とても（ **こわい・おどろく** ）。

④ 前からずっと練習していた竹馬。ついに今日、はじめて少しだけ歩くことができた。
　こんなときは、とても（ **うれしい** ）。

⑤ 自転車で、スピードを出したまま 曲がり角を曲がったら、向こうから来た おばあさんと ぶつかりそうになった。
　こんなときは、とても（ **おどろく・こわい** ）。

　　　うれしい　悲しい　はらが立つ　おどろく　こわい

ピッタリ合うことばをえらんで（ ）の中に書いてみよう。
同じことばを 何回えらんでもいいし、2つえらんでもいいよ。

気持ち理解のためのミニワーク⓫
こんなときどんな気持ち？・2

なまえ＿＿＿＿＿＿＿＿＿＿

こんなことがあったら、あなたなら どんな気持ちになるかな？
下の□の中からピッタリ合うことばをえらんで、（ ）に書いてみよう。

① 体育の時間に かけっこをした。いつも Aくんには負けたことがなかったのに、今日はじめてAくんに負けた。
　こんなときは、とても（ **くやしい** ）。

② なかよしの友だちが、遠くに引っこすことになった。転校するから、これからはなかなか会えなくなってしまう。
　こんなときは、とても（ **さびしい** ）。

③ 朝 起きたら8時。しまった！学校に ちこくしそうだ。
　こんなときは、とても（ **あせる** ）。

④ 算数の時間、自信まんまんで答えを発表したら、その答えがまちがっていた。
　こんなときは、とても（ **はずかしい・くやしい** ）。

⑤ お母さんが 熱を出して、朝からずっと ふとんで ねている。明日は 元気になるかなぁ。
　こんなときは、とても（ **心配する** ）。

　　　さびしい　あせる　くやしい　心配する　はずかしい

ピッタリ合うことばをえらんで（ ）の中に書いてみよう。
同じことばを 何回えらんでもいいし、2つえらんでもいいよ。

気持ち理解のためのミニワーク⓬
こんなときどんな気持ち？・3

なまえ＿＿＿＿＿＿＿＿＿＿

こんなことがあったら、あなたなら どんな気持ちになるかな？
下の□の中からピッタリ合うことばをえらんで、（ ）に書いてみよう。

① 学校で転んで 足に けがをした。友だちが心配して、いっしょに保健室に行ってくれた。
　こんなときは、とても（ **感謝する** ）。

② お母さんに たのまれて、スーパーマーケットへ おつかいに行った。買ってくるものを 3つ たのまれたのに、どうしても 2つしか思い出せない。
　こんなときは、とても（ **こまる** ）。

③ 今日は音楽会。出番が近づいてきたら、だんだん 足が ふるえてきた。
　こんなときは、とても（ **きんちょうする** ）。

④ 前からほしかったゲームを、友だちが 持っていた。お母さんに 買ってもらったんだって。
　こんなときは、とても（ **うらやましい** ）。

⑤ 日曜日、遊園地に 遊びに行く予定だったのに、熱が出て 行けなくなってしまった。
　こんなときは、とても（ **がっかりする** ）。

　　　こまる　うらやましい　感謝する　きんちょうする　がっかりする

ピッタリ合うことばをえらんで（ ）の中に書いてみよう。
同じことばを 何回えらんでもいいし、2つえらんでもいいよ。

　気持ちの言葉の意味が理解できていない場合には、そのつど指導者が意味を説明します。ミニワーク❻〜❾・付録❶を利用するとよいでしょう。

　子どもが選んだ答えが妥当であっても、一般的ではない独特な理由づけをしている場合があります。逆に、一見誤った答えを選んでいるようでも、その子なりの視点から筋の通った理由を説明できる場合もあります。いずれの場合も、子どもの感じ方を否定せず、まず受け止めた上で、なぜそういう気持ちになるのか理由を聞いてみましょう。指導者が子どもの感じ方を理解し、その子に必要な指導を考えていきましょう。

解説 気持ち理解のためのミニワーク⓭〜⓯

気持ち理解のためのミニワーク⓭
こんなとき "この人は" どんな気持ち？・1
なまえ

こんなことがあったら、この人は どんな気持ちになっているかな？
下の ▢ の中からピッタリ合うことばをえらんで、（ ）に書いてみよう。

①お店でソフトクリームを買った。妹は、お店の人からソフトクリームを受け取ったとたん、全部地面に落としてしまった。
　こんなとき、妹は　とても（　悲しい・はらが立つ　）だろうな。

②学校の帰り道。Aくんの後ろから　こっそり近づいて、かたをトントンとたたいた。
　こんなとき、Aくんは　とても（　おどろく　）だろうな。

③公園でドッジボールをした。Bくんが何回も当てられたので、みんなが「Bくん、へたくそだな」と言った。
　こんなとき、Bくんは　とても（　はらが立つ・悲しい　）だろうな。

④今日は、お父さんの　たん生日。プレゼントにお父さんの絵をかいた手紙をあげた。
　こんなとき、お父さんは　とても（　うれしい　）だろうな。

⑤散歩をしていた大きな犬が、通りかかった　小さい子に　ほえていた。
　こんなとき、小さい子は　とても（　こわい　）だろうな。

| うれしい | 悲しい | はらが立つ | おどろく | こわい |

同じことばを何回えらんでもいいし、2つえらんでもいいよ。
文に合うように、ことばの形を変えてもいいよ。
（たとえば、うれしい→うれしかった）

気持ち理解のためのミニワーク⓮
こんなとき "この人は" どんな気持ち？・2
なまえ

こんなことがあったら、この人は どんな気持ちになっているかな？
下の ▢ の中からピッタリ合うことばをえらんで、（ ）に書いてみよう。

①朝、学校に来たAくんは、女の子から「右と左で　ちがう　くつ　はいているよ」と言われていた。どうやら家を出るときに　まちがえたらしい。
　こんなとき、Aくんは　とても（　はずかしい・あせる　）だろうな。

②Bくんとオセロをした。とちゅうまで　どっちが勝つか　わからなかったけど、最後に数えたら、Bくんの方が2まい少なかった。
　こんなとき、Bくんは　とても（　くやしい　）だろうな。

③夜、いつも帰ってくる時間になっても、お父さんが帰ってこない。お母さんが、「どうしたのかな。まさか事故じゃないわよね」と言った。
　こんなとき、お母さんは　とても（　心配する　）だろうな。

④今日の図工は工作。みんなは完成したけど、Cくんだけが、まだ半分ぐらいしかできていない。先生が「あと10分で終わります」と言った。
　こんなとき、Cくんは　とても（　あせる　）だろうな。

⑤Dくんのお父さんが、病気で入院した。お母さんも毎日病院でつきそっていて、Dくんは、いつも夜おそくまで　一人なんだって。
　こんなとき、Dくんは　とても（　さびしい　）だろうな。

| さびしい | あせる | くやしい | 心配する | はずかしい |

同じことばを何回えらんでもいいし、2つえらんでもいいよ。
文に合うように、ことばの形を変えてもいいよ。
（たとえば、うれしい→うれしかった）

気持ち理解のためのミニワーク⓯
こんなとき "この人は" どんな気持ち？・3
なまえ

こんなことがあったら、この人は どんな気持ちになっているかな？
下の ▢ の中からピッタリ合うことばをえらんで、（ ）に書いてみよう。

①休み時間、Aくんは　友だちからドッジボールと　おにごっこに　さそわれていた。どっちも　Aくんのすきな遊びだけど、どうするのかな。
　こんなとき、Aくんは　とても（　こまる　）だろうな。

②お正月に　お年玉をもらった。お姉ちゃんが　もらったふくろに　お金がたくさん入っていたのを見て、弟が「いいな〜」と言った。
　こんなとき、弟は　とても（　うらやましい　）だろうな。

③Bくんは、テストで80点を取った。お母さんに　ほめてもらえると思ったのに、「次は90点取りなさいよ」と言われたんだって。
　こんなとき、Bくんは　とても（　がっかりする・こまる　）だろうな。

④Cくんが、学校に水とうを　わすれて帰ってしまった。となりの席の子が気づいて、Cくんの家に　水とうを　とどけてあげた。
　こんなとき、Cくんは　とても（　感謝する　）だろうな。

⑤お兄ちゃんは、お母さんから、校長先生に手紙を　わたすように　たのまれていた。お兄ちゃんは、今日はじめて校長室に行くんだって。
　こんなとき、お兄ちゃんは　とても（　きんちょうする　）だろうな。

| こまる | うらやましい | 感謝する | きんちょうする | がっかりする |

同じことばを何回えらんでもいいし、2つえらんでもいいよ。
文に合うように、ことばの形を変えてもいいよ。
（たとえば、うれしい→うれしかった）

　他者の気持ちを推測する練習のためのミニワークです。他者（設問ごとのターゲットになっている人）の気持ちをイメージしにくい子どもには、"もし自分だったらどう思うか"を考えさせましょう。

　また、答え合わせの際には、正答（最も多くの人が選ぶと思われる答え）を確認した上で、指導者があえて違う答えを選んで理由を説明したり、「こんな風に思う人もいるよ」と紹介したりして、人によって感じ方に多少の違いがあるということを、知識として教えておくとよいでしょう。

付 録

■気持ちのことばとその意味 ……………………………… 112
■どれくらいおこってる？ ………………………………… 118

付録❶
気持ちのことばとその意味〜イラスト〜

よく使われる気持ちのことばとその意味を確認しましょう。

うれしい
よいことがあって，笑いたくなる

楽しい
心がうきうきして，ゆかいな気分

感謝する
人に何かをしてもらってありがたく思う気持ち

おもしろい
笑い出したくなるような楽しい気持ち

おかしい
①おもしろくて笑いたくなる様子
②ふつうとちがっていて，変わっている様子

安心する，ホッとする
心配や不安がなくて心が落ちつく

わくわくする
期待や喜びで心がはずみ，落ちつかない様子

悲しい
泣きたくなるような，つらい気持ち

さびしい
だれもいなくて悲しい気持ち

不安
気持ちが落ちつかず，安心できない

心配する
何かが気になって，心が落ちつかない

こまる
どうしていいかわからず，苦しむ

きんちょうする
心が引きしまり，張りつめている

あせる
思うようにいかなくて
（時間がなくて）イライラする

はらが立つ，おこる
しゃくにさわる，いかる

くやしい
思うようにいかなかったり
負けたりして，はらが立つ

がっかりする
望み通りにならず，元気がなくなる様子

残念
思うようにいかなくて，
もの足りない

つまらない
楽しくない，おもしろくない

うらやましい
人のことが自分よりよく見えて、自分もそうなりたいと思う気持ち

おどろく、びっくりする
思いがけないことにあって、ハッとする

こわい
危ないことが起こりそうで、おそろしい

はずかしい
①てれくさい（うれしくてくすぐったいような気持ち）
②失敗したり、できていないことがあって、きまりが悪い

※表情には明確なものと微妙なものがあります。
　場面に応じて大人が説明を加えて理解させるようにしましょう。
※意味は『広辞苑第六版』（岩波書店）・『下村式小学国語学習辞典』（偕成社）・『現代新国語辞典第4版』（学研）・『小学国語辞典第8版』（三省堂）を参照しました。

付録❶

気持ちのことばとその意味〜表〜

よく使われる気持ちのことばとその意味をあげています。

気持ちのことば		意　味
うれしい		よいことがあって，笑いたくなる
楽しい		心がうきうきして，ゆかいな気分
感謝する		人に何かをしてもらってありがたく思う気持ち
おもしろい		笑い出したくなるような楽しい気持ち
おかしい		①おもしろくて，笑いたくなる様子 ②ふつうとちがっていて，変わっている様子
安心する ホッとする		心配や不安がなくて心が落ちつく
わくわくする		期待や喜びで心がはずみ，落ちつかない様子
悲しい		泣きたくなるような，つらい気持ち
さびしい		だれもいなくて悲しい気持ち
不　安		気持ちが落ちつかず，安心できない
心配する		何かが気になって，心が落ちつかない
こまる		どうしていいかわからず，苦しむ

気持ちのことば		意 味
きんちょうする		心が引きしまり，張（は）りつめている
あせる		思うようにいかなくて（時間がなくて）イライラする
はらが立つ おこる		しゃくにさわる，いかる
くやしい		思うようにいかなかったり，負（ま）けたりして，はらが立つ
残念（ざんねん）		思うようにいかなくて，もの足（た）りない
がっかりする		望（のぞ）み通りにならず，元気がなくなる様子（ようす）
つまらない		楽しくない，おもしろくない
うらやましい		人のことが自分よりよく見えて，自分もそうなりたいと思う気持（も）ち
おどろく びっくりする		思いがけないことにあって，ハッとする
こわい		危（あぶ）ないことが起（お）こりそうで，おそろしい
はずかしい		①てれくさい（うれしくてくすぐったいような気持（も）ち） ②失敗（しっぱい）したり，できていないことがあって，きまりが悪（わる）い

※表情には明確なものと微妙なものがあります。
　場面に応じて大人が説明を加えて理解させるようにしましょう。
※意味は『広辞苑第六版』（岩波書店）・『下村式小学国語学習辞典』（偕成社）・『現代新国語辞典第4版』（学研）・『小学国語辞典第8版』（三省堂）を参照しました。

付録❷
どれくらいおこってる？

どれくらい おこってる？

ぜんぜん

ちょっと

イライラする

はらが たつ

ぶっとばしたい
激おこ
怒り

118

【編者紹介】

西岡　有香（にしおか　ゆか）

神戸市立外国語大学英米学科卒業。大阪教育大学特殊教育特別専攻科修了。大阪教育大学研究科障害児教育専攻修了，教育学修士。言語聴覚士，特別支援教育士スーパーバイザー。特別支援教育士資格認定協会理事。病院のリハビリテーション科でスピーチセラピストとして勤務したのち，1994年より2006年まで神戸YMCAにおいて発達障害のある子どものためのサポートプログラム主任講師として勤務。現在，大阪医科大学LDセンターに勤務。そのほか，神戸大学非常勤講師や，大阪市等で特別支援教育専門家チームの一員として学校園の巡回相談にあたっている。

【著者紹介】

落合　由香　　神戸YMCAサポートプログラム講師（西宮ブランチ）。特別支援教育士スーパーバイザー。

石川　聡美　　神戸YMCAサポートプログラム講師（神戸市西部療育センター自立支援サポートプログラム主任）。特別支援教育士スーパーバイザー。

〔イラスト〕はしもと　みわ

【お礼】

本書は神戸YMCAサポートプログラムでの実践から生まれました。YMCAで出会った子どもたちと保護者のみなさんに感謝いたします。また，データ収集にあたって町田伊都子さん・堀家由妃代さん・竹林由佳さん・福本拓耶さんにご協力いただきました。お礼申し上げます。

この人なんて言ってるの?!
気持ちを理解するためのスキルアップワーク
―発達障害のある子へのソーシャルスキルトレーニング（SST）―

| 2018年9月初版第1刷刊 | 編　者　西　岡　有　香 |
| 2025年7月初版第6刷刊 | ⓒ著　者　落合由香・石川聡美 |

　　　　　　　　　　　発行者　藤　原　光　政
　　　　　　　　　　　発行所　明治図書出版株式会社
　　　　　　　　　　　　　　　http://www.meijitosho.co.jp
　　　　　　　　　　（企画）佐藤智恵　（校正）川﨑満里菜
〒114-0023　東京都北区滝野川7-46-1
振替00160-5-151318　電話03(5907)6703
ご注文窓口　電話03(5907)6668

＊検印省略　　　　　組版所　中　央　美　版

本書の無断コピーは，著作権・出版権にふれます。ご注意ください。
教材部分は，学校の授業過程での使用に限り，複製することができます。

Printed in Japan　　　　　ISBN978-4-18-227423-7

もれなくクーポンがもらえる！読者アンケートはこちらから
→

＜特別支援教育＞
好評シリーズ 学びと育ちのサポートワーク

つまずきのある子のためのスモールステップなワーク集。
手立てや関連した学習活動等、くわしい解説つき。

加藤博之 著

1. **文字への準備 チャレンジ編**
   （0874・B5判・120頁・2060円＋税）
2. **かずへの準備 チャレンジ編**
   （0875・B5判・120頁・2060円＋税）
3. **国語「書く力、考える力」の基礎力アップ編**
   （0876・B5判・132頁・2200円＋税）
4. **算数「操作して、解く力」の基礎力アップ編**
   （0877・B5判・128頁・2260円＋税）
5. **ソーシャルスキル「柔軟性」アップ編**
   （1814・B5判・132頁・2200円＋税）
6. **国語「書く力、伝える力」の実力アップ編**
   （1931・B5判・128頁・2160円＋税）
7. **算数「生活に役立つ力」の実力アップ編** NEW！
   （2150・B5判・128頁・2160円＋税）

特別支援教育サポートBOOKS
知っておきたい！ 教師のための 合理的配慮の基礎知識
西村修一・久田信行 著

合理的配慮の考え方をQ＆Aで分かりやすく紹介し、「特別支援学校新学習指導要領解説　自立活動編」で示された「合理的配慮と自立活動とのかかわり」についても解説しています。学校での合理的配慮提供事例を個別の教育支援計画・個別の指導計画例とともに紹介。

0491・A5判・136頁・1860円＋税

小学校 新学習指導要領 特別支援教育の視点で授業づくり
田中博司 著

ユニバーサルデザイン、発達障害への対応、各教科での合理的配慮、個別の指導計画…など、様々な新しいキーワードが提示された新学習指導要領。それらをどのように授業で現現化すればよいのかを徹底解説。どの子の学びも保障するために、あらゆる場面で活用できる1冊！

1708・四六判・208頁・1900円＋税

明治図書 携帯・スマートフォンからは **明治図書ONLINE へ** 書籍の検索、注文ができます。 ▶▶▶

http://www.meijitosho.co.jp　＊併記4桁の図書番号（英数字）でHP、携帯での検索・注文が簡単に行えます。

〒114-0023　東京都北区滝野川7-46-1　ご注文窓口　TEL 03-5907-6668　FAX 050-3156-2790